努力の選び方

減らしてシンプルにする

井上裕之
Hiroyuki Inoue

フォレスト出版

本気で
生きる!

H. Inoue

Prologue

はじめに

できる人とは「報われる努力」と「ムダな努力」を混同しない人

「必要ない努力は捨て、結果につながる努力のみを厳選し、集中する」

これは、私が人生で得てきたものを振り返ったときに、やっと明確にすることができた人生訓です。

また、人には各々、自分に向いている努力と、向いていない努力があり、ストレスなしで勝手に努力できることと、どうしても努力できないことがあります。

ムダな努力を重ねても、**「才能」と「能力」と「時間」と「お金」を、無意味に浪費することになります。**さらに言えば、**「心」も消耗**させてしまいます。

失うものが多すぎるのです。私は道半ばではありますが、歯科医として納得のいく結果を得ていますし、約1000人の方々が集まる講演会を、何度も成功させることができました。おかげさまで、著書の累計も110万部を突破しています。

しかし、これは私が優れた能力を持っていたり、人よりも圧倒的にいい環境にいたから成し遂げられたのではありません。それ相応の時間と労力をかける必要がありました。私と同じように時間と労力をかければ、誰もが達成できることです。

その過程には、結果につながる必要な努力と、ムダな努力が混在していたと今では感じています。**結果を出すための原理原則がわかっていれば、もっと時間も労力もお金も圧縮できた**と正直思います。

そこで本書では、私の人生経験と、24年間の自己投資の経験から、**報われる努力の〝選び方〟**と、その**〝実践法〟**を書きました。

逆に言えば、人生の紆余曲折《うよきょくせつ》、欲しい結果を得るための試行錯誤《しこうさくご》を繰り返しながら明確になった、**「ムダな努力を捨てる技術」**です。

世の中では、「何事も努力することが大切だ」と言われますが、ムダな努力、しなくてもいい努力が確実に存在します。

仕事にしても、人間関係にしても、勉強にしてもです。

社会人になった28歳から現在の52歳まで、振り返れば私の人生は自己投資に多くの時間を費やしてきました。自分の成長をお金で計れるとは思いませんが、投資した金額も1億円を超えています。

この経験からわかったことをお伝えし、時間と労力とお金のムダを省き、あなたに自己実現してもらうことを目指します。

「仕事のスキルを高めたい」「人間関係でクヨクヨ悩んだり、疲れたくない」「経済的な自由を手にしたい」「英語や資格取得、昇進のための勉強で結果を出したい」……。

望むことは人それぞれですが、どんな道も満足するレベルに達するには、努力が必要です。でも、努力を実らせることなく、挫折《ざせつ》してしまう人が多いのが現実です。

これは、非常に残念なことですが、**時間がかかればかかるほど、あらゆるものを消耗していくので、くじけてしまうのは当然**です。

ですから、**〝短期集中型で〟望む結果を目に見える形で出していただくための秘策**を本書に詰め込みました。とは言っても、当たり前のことを当たり前にすればいいだけですので、難しいことはありません。

具体的には、**「ムダな努力の減らし方」「結果につながる努力の選び方、実践法」「効果的なスキル修得法」「続ける技術」「失敗しない自己投資の技術」「努力が実る仕事術」「自分を消耗させない人間関係の秘訣」**をご紹介しています。

今より少しだけ〝考え方〟と〝習慣〟を変えるだけで、あなたの人生には大きな違いが生まれるのです。

井上裕之

努力の選び方　もくじ

第1章
「才能」と「時間」をムダづかいする努力は、もうやめよう

できる人は、努力の「数」を減らし、努力の「質」を上げる

第2章 できる人の努力の「選び方」から「実践法」まで

達成する人、挫折しない人の「選択と集中」の技術

第3章
〝自分を捨てる英断〟が「吸収力」と「継続力」を高める

スキル、知識、人間力……成長のスピードを上げ、底力をつける秘訣

Contents

第5章 力を注ぐべき仕事、力を抜いていい仕事

一流だけが知っている「仕事のルール」入門

Contents

第6章 〝自分を消耗させない〟人間関係をラクにする技術

「人づき合いに疲れた……」「チームワークがうまくいかない……」がなくなる具体策

Contents

終章

無条件に自分を信じて進めばいい！

プロデュース　森下裕士
編集協力　大和たまき
デザイン　中西啓一（panix）
ＤＴＰ　佐藤千恵（株式会社ラクシュミー）

素材提供：Olivier Le Moal, Vector Goddess, Gala, Kraphix/Shutterstock.com

solarseven/Shutterstock.com

第1章

「才能」と「時間」をムダづかいする努力は、もうやめよう

できる人は、努力の「数」を減らし、努力の「質」を上げる

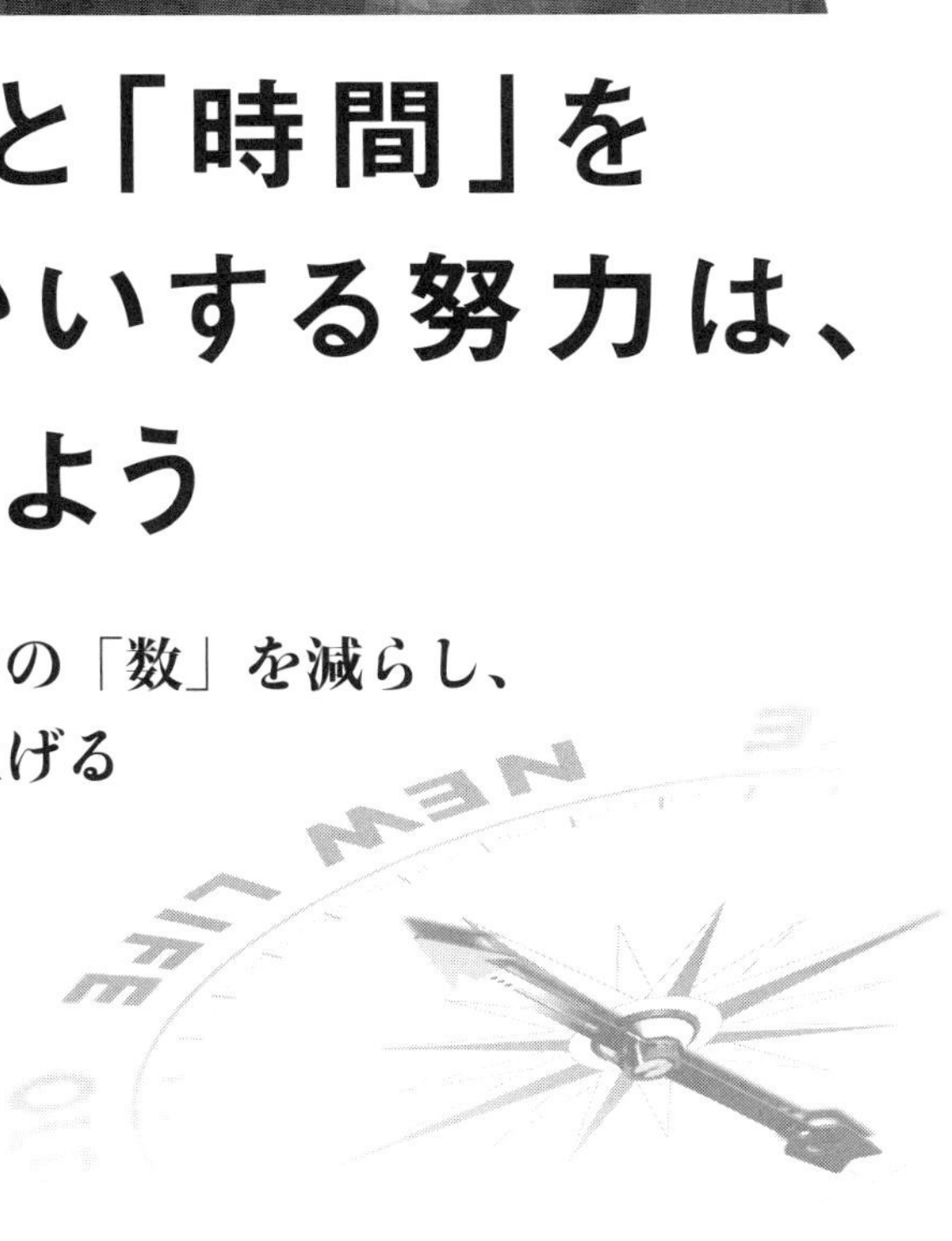

「報われない努力」はもうやめよう

真面目にやっているのに、仕事で結果が得られない。
努力をしているのに、自分の理想の人生に近づかない。
頑張っているのに、誰も認めてくれない。
こういった悩みは、誰もが抱えていることです。

「どんなことでも、努力をすれば報《むく》われる」

誰もが、努力をすることは正しいし、努力をしなければ何事も成し遂げられないと、考えています。

確かに、努力をすることは大切です。

しかし、**「報われる努力」と「報われない努力」が存在するのも事実**です。報われない努力とはムダな努力のことで、あなたの才能と能力を消耗させるものです。

誰にでも、「できる努力」と「できない努力」があり、人それぞれ、自分に「向いている努力」と「向いていない努力」があるということです。

よほどストイックな人でない限り、自分に向かない努力はできませんし、頑張っても中途半端で挫折することになります。

つまり、私が言いたいのは、あなたには「やれる努力」と「やれない努力」があるということです。人にはその人その人に特性があるので、当然のことです。

自分がやりたいと思った努力以外を頑張ることは、あなたの才能と能力をムダに使うことになります。

それでは当然、あなたの欲しい結果は得られませんし、心と体力と時間だけを消耗して終わることになります。

私は、「努力をするな！」と言っているのではありません。

人生の時間は限られているから、**「やみくもに努力するのではなく、努力を選んで、**

確実に成果を出そう」と言っているのです。
ムダな努力をせずに、意味ある努力に力を注ぎましょう。

納得いく人生を送っている人、自己投資でうまくリターンを得る人、仕事で結果を出す人、人間関係で悩まない人……、これらの人は、口に出しては言いませんが、ムダな努力があることを知っています。やらない努力を決めていますし、することを厳選して力を注いでいます。

この章では、あなたがやらなくていい努力を紹介し、才能と能力をムダにしない方法をご紹介していきます。

あなたの本来持つ力を存分に発揮でき、満足いく人生を送るために、やるべきではない努力を紹介します。

得意なこと、好きなことで、努力を重ねてこそ、才能も能力も存分に発揮されるのです。

世の中には「やらなくていい努力」が確実にある

目の前にきた物事を〝がむしゃら〟に頑張らない

「何事も勉強だ。とりあえず頑張ってみよう……」

日本人は勤勉です。多くの人がこう考え、たまたま目の前にきた物事に対してできる限り努力をしようとします。

今この瞬間、本書を手に取っているあなたもそうかもしれません。

しかし、頑張っているのに何をやってもうまくいかない、努力しているのに結果が出せないという人は多いものです。

では、努力しているのに望む結果が出ないのは、何が原因なのでしょうか。

それは、**自分の核となる本当の「目的」を持たずに努力をしている**からです。

つまり、多くの人が、

「自分はどうなりたいのか？」

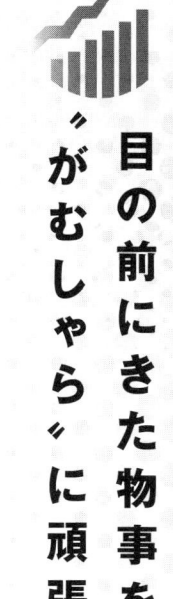

「何を手に入れたいのか？」

ということを考えずに、目の前にきた物事にがむしゃらに努力をしているので、自分の望む方向に人生を動かすことができないのです。

目の前にきたことに一生懸命取り組むことは大事だと言われていますが、それが自分の**欲しい結果につながらないのなら、その努力はムダになってしまう**可能性が非常に高いのです。

上司から言われた仕事を黙々とこなしていたり、人からすすめられて英会話を習ったりすることは、一見努力とみなすことができますが、実は、それはあなた自身が本当に望んだことではないはずです。

真面目なだけでは、自己実現はなかなかできません。努力は選んで、力を集中的に注ぐことが重要なのです。

一度、自分はなんのために努力をするのか、ということを真剣に考えてください。

「欲しい結果につながらない努力」は、ムダな努力である

「自分に向かない努力」をするのは時間のムダ

社会人ならば誰もが、人間関係や会社の決まりなどで、やらなければならないことがあります。しかし、そういったことは自分が本当にやりたいことではないことが多いので、努力することに苦痛を感じることになります。

そのような気持ちでする努力は、あなたの才能や能力のムダづかいになる可能性が非常に高いと言えます。

努力をすることは大事ですが、誰にでも努力に向き不向きがあるのです。努力をしないことがいいと言っているのではなく、**そういう現実が確実にあるのです。**

自分に向いていない努力でも真面目にすることは一見立派ですが、苦痛に感じる分、高いエネルギーで物事に打ち込むことができません。したがって、なかなか結果を出すことができません。

向いていない努力に人生の時間の大半を費やして、**気がついたら「あれ？　こんなはずじゃなかったんだけどな」ということになっては手遅れ**です。

自分に向かない努力は才能と能力だけではなく、心も消耗させてしまいます。あなた自身が「こうなりたい」「これがやりたい」と思ったことでなければ、努力は単に苦痛となり、報われることはありません。それは、ムダな努力と言わざるを得ないのです。

社会人ならば、やらなければならないことは確かにあります。しかし、それが自分が本当にやりたいことでなければ深追いするべきではありません。

上司から任された仕事などが、あなたの本当に望んでいないことなら、努力するというより、〝こなす〟という意識で物事に向かうべきです。

どうしてもやらなければならないことは、たんたんとこなし、必要以上にサービス精神を出さないことも大事なのです。人のエネルギーは有限です。本当に自分のやりたいことに力を注ぐことをまずは第一に考えてください。

今より少しだけ〝サービス精神〟を減らそう

「自分は努力している」こう感じたら危険信号

努力が実る人に共通していることがあります。

それは、「努力を努力と思っていない」ということです。

たとえば、ゴルフがうまくなりたい人は、どうすればもっと飛距離を出せるのか？　どういったフォームが望ましいのか？　といったことを人から言われなくても、自然に自分で考えて行動に移すことができます。

仕事でも同じです。心の底から思っているのなら、結果を出すために勝手に行動を起こしてしまうのです。それが苦痛になる人はいないし、むしろウキウキしながら努力をするはずです。

つまり、自分が「こうなりたい」と思っていることに関しては、人は**全くストレスなく、自動的に努力できる**のです。したがって、成長の幅は大きく、成長のスピードも速くなります。

つまり、何かの道で結果を出せる人は、努力自体を努力と思っていないのです。私の周りの成功者を見てみても、多くの人がそうです。

努力と思わない努力をしたときに、努力は実るのです。あなた本来の力が最大に引き出されるからです。

世の中には、**〝勝手にやれてしまう努力〟**というものがあります。

私も、事務処理などには苦痛を感じますが、歯科医としてのスキルを磨くことや、講演会の質を上げるための自分磨きには没頭することができます。

とにかく知っておいてほしいのは、苦痛を感じない努力があり、自分に向いている努力があるということです。

受け身でやっている努力では、人生は変わりません。努力の内容が大切なのです。ストレスを感じない努力を選び、それに集中する。天才でもない限り、こうして勝ちを拾っていくしかないのです。

〝ストレスフリーの努力〟に没頭すればいい

できる人は“数を減らして”“質を上げる”

前向きなのになかなか結果が出ない人が陥るジレンマがあります。

それは、「あれもしたい」「これもしたい」と、目標をたくさん設定して、努力をするということです。

たとえば、一流のシェフになりたいし、セミナー講師にもなりたいから、同時にそれを達成しようとしても、それには無理があります。

同時にいくつもの夢を叶える器用な人もいるにはいますが、そういう人をマネするのは得策ではありません。

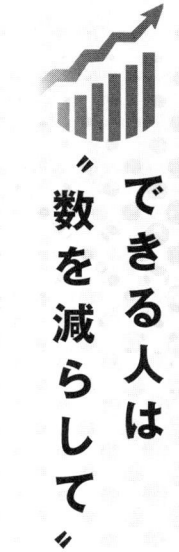

基本的にはひとつの「目標」に集中している間は、他のものは得なくてもいいと考えてください。

つまり、**「これさえ手に入れば自分はそれでいい」**と思えることを獲得するための努力に力を注ぐのです。

私は今でこそ、歯科医、臨床教授、学会評議委員、セミナー講師、著述家など、多方面で活躍できていますが、基本的には、いくつものことを同時にやるのは向いていないことを知っていました。

しかし、得たいものはすべて得ようと考えていますので、その一つひとつを順番に叶えていったのです。

あれもこれもと手をつけていては、**結局はどれも達成できず、「ムダな努力」になってしまいます。**

目標はひとつずつクリアしていく。それが達成できたら、次にもっと大きなことに挑めばいいのです。

目標のために犠牲にしたことは、あとからでも補完することは可能です。しかし、目標の達成は、逃したらなかなか取り戻すことはできないのです。

あなたの〝これ以外に欲しいものはない！〟は何？

その他のことは無知でもいい理由

私は、30代のときは本業である歯科医の仕事に集中しました。

今でこそ、講演会を開けばたくさんの人が来てくださるようになりましたが、当時の私は開業したての駆け出し医師でしたから、本業でなんとか身を立てようと必死になっていました。

そこで「国民に愛される医者になる」ということを「目標」にすえて、それはどのような医者なのかを具体的にイメージして努力していったのです。

当時の私の頭の中は、「歯科医としてどうあるべきか?」ということで頭がいっぱいで、歯科医としての知識を得るためにセミナーに行ったり、四六時中本を読んだり、オーディオブックを聴いたりしていました。

仲間と飲みに行くこともなく、忘年会や新年会などは一次会で抜けて、誰もいない深夜の院長室でひとり勉強していました。冠婚葬祭にも出席せず、その時間を勉強に当てていました。

自分の目標を達成するために、私はその他のことをすべて一度捨てたのです。

しかし、**それはつらいことではありませんでした**。心を消耗させたことはありません。常に、高いモチベーションで頑張ることができました。

そのあとも次々に目標を達成していった私は、45歳で歯科医として満足のいく自分になることができました。

しかし、歯科医として評価を受けることができるようになった頃に、**努力と引き換えに置き去りにしてきたことがたくさんあることにも気づきました**。

みんなが話題にするような美味《おい》しいレストランを知りませんでしたし、芸術や文化にも触れてこなかったので、ある意味何もわかりませんでした。

もちろん、世界中を旅したこともなかったですから、世界の名所・旧跡なども知らないわけです。

得意な分野に長けることで結果を出すことはできましたが、それ以外のことには無知な自分が存在することになったのです。

そこでようやく私は、やってこなかったこと、目標を達成するために犠牲にしてきたことを取り戻すことに時間とお金を使うようになりました。

すべての夢を同時に叶えることはできません。

ひとつの目標をクリアするまでは、他のことは一度捨てるのが賢明なのです。

まずは、ある分野でスペシャリストになることが大切です。そうすることで、**心の安定も収入も確保することができる**からです。

スペシャリストになることだけを考えて努力を重ねた結果、その他の部分で無知だったとしても気にすることはありません。

精神的余裕と収入があれば、そんなことはあとからどれだけでも補えるのです。

"万能な自分"をつくる必要はない

無理なく「続けられる努力」が必ずある！

自己啓発の世界で講演をさせてもらうようになってしばらくしたときに、もっと多くの人に私の持っている知識を伝えたいと思うようになりました。

すると、「でも、どうすればもっと多くの人に私の持っている情報を届けることができるのだろう？」などと、素人なりの疑問が次々に浮かんできます。

私の本業は歯科医なので、自己啓発の世界で大規模な講演会を開いている知人はいませんでした。そこで、私の本を出版してくれた会社の人に相談してみました。

私は、**「1000人規模の講演会を成功させたい」**と話しました。

「少しお客さんを減らしたほうがいいのではないでしょうか」と言われましたが、私は「しかたがない。では、そうしましょう」とは言いませんでした。

一度「こうしたい」と思ったら、その結果が出るまで努力することが大事だと考えているからです。

「妥協はやめましょう。私は１０００人規模の講演で多くの人の人生を変えたいのです」と食い下がりました。

するとどうでしょう。実際に１０００人のお客さんを集めて、講演を行なうことができたのです。

１０００名の人々に集まってもらうために、できることはすべてやり切りました。歯科医としての仕事をしっかりとやりながら、出版社と決めたマーケティングプランもすべてこなしました。

「１０００名の人を集めたいけど、５００名でもまあいいか」という気持ちでは、１０００名のお客さんは絶対に集められません。１０００名の人に伝えると決めるから、１０００名の人を集める努力ができるのです。

意味ある努力をするためには、欲求が強くなければいけません。

「そんなこと、不可能に決まっている」

みんなそう思って、さまざまなことをあきらめているだけなのです。

欲求が、〝挫折知らずの自分〟をつくる

あきらめていては目標は達成できません。目標は、最後まであきらめないから達成できるのです。

目の前にきたことをがむしゃらに努力しても、結果が出なければその努力にはなんの意味もありません。

自分の欲求に沿った努力をするのです。そうすることで、結果につながる努力をコツコツと続けることができます。

「なんとしてでも結果を出す」「結果が出るまでやり続ける」

この気概が生まれたことに対して努力することが大切なのです。

「負けグセがつく努力」は百害あって一利なし

誰もが自分の夢が叶わない人生は嫌だし、我慢《がまん》するのは嫌いだし、欲しいものは全部欲しいはずです。私は、**負けることを極力避けるように生きてきました。**

社会人になると自分の思うようにはいかないことが多いので、負けグセがついていきます。簡単に言ってしまうと、負けるとわかっている努力をせざるを得ないときがあるのです。

しかし、一度負けグセがついてしまうと、重圧から解放されて気持ちが楽になってしまい、どんどん楽なほうへ楽なほうへいってしまうのが人間です。

だからこそ、「この道で一番になりたい」と思えるようなことを努力することが大事です。

自分の本当の欲求、「負けたくない」という気持ちが満たされることがない努力は続きませんし、報われません。

負けてもいいという気持ちでする努力を重ねてしまえば、「どうせ私なんか……」という後ろ向きの自分を形成してしまうことにもなるのです。

何事においても負けないというのは、簡単なことではありません。

しかし、だからといって、「大人の世界では負けることがあってもしかたがない」と考えていたのでは、結果はついてくるはずがありません。

大切なことは、**常勝無敗になることではなく、勝負に負けない姿勢で挑む**ことです。

人間は神ではありませんから、勝ち続けることはできません。私だってこれまでに何度も負けて唇を噛《か》みしめてきたのです。しかし、そのたびに立ち上がり「次は絶対に負けない」と思って努力したからこそ、今の自分があるのです。

勝負の前に気持ちで負けてしまったら、今までの努力は水の泡です。負けたくない気持ちがわき上がったときこそ、努力はできるし、続けられると知ってください。

「二番にはなりたくないな～」そう思えたことを頑張ればいい

「時間」と「お金」であきらめることは手放していい

なりたい自分になるための過程で、もっとも大きな障壁になるもののひとつにお金の心配があります。

スキルを高めるための努力をするにしても、そのための時間とお金を捻出《ねんしゅつ》する必要があります。

普段、仕事に割いている時間をそちらに回せば、その分収入は減ってしまう可能性が高い。すると、またどこかでお金を稼がなければいけなくなるので、仕事やアルバイトに時間が取られて勉強する暇がなくなるという悪循環に陥ってしまいます。

しかも、勉強している人たちは、書籍を購入したり、セミナーに通ったり、自分に投資しているから、普通に生きている状態よりもお金がかかっているのです。

その負担は大きなものに違いありません。

そういう意味で、もともとお金持ちの家に育っている人は、それだけアドバンテージがあるということになりますし、そうでない人にとっては大きなハンデとなるのは事実です。お金があれば時間すら買うことができます。

では、時間とお金に振りまわされて夢をあきらめてしまう人と、あきらめずにチャンスをつかむ人の違いとは何なのでしょうか。

それは、お金のリスクを背負っても、**「なりたい自分になってみせる」という覚悟**があるかないかです。

「なにがなんでもこれを獲得する」という欲求が生まれれば、**苦労は苦労でなくなる**のです。差し迫った状況があれば節約もできます。問題は、できない苦労をすることに努力するということです。

「私はこれだけの投資をしているんだ。なんとしてもここでチャンスをつかんでみせる」

そういう強い思いが、あなたのステージを押し上げる起爆剤となるのだし、そのスピードも通常では考えられないほど速いのです。

〝根性〟よりも〝覚悟〟が大切

成功者だってはじめからお金持ちだったわけではありません。二代目、三代目経営者ばかりが成功するのなら、社会は立ちゆかなくなっていきます。

チャレンジして裸一貫から成功をつかんだ人が、経済活動を行なうことで社会は回っていくのです。

お金がないから行動できない、と考えるのはおかしいのです。

お金のことが気にならなくなるほどの努力をみつけることで、人は大きく成長していくのです。

「集中がもたない努力」はゴールにつながっていない

ダラダラと努力をしていては、決して結果をもたらすことはできません。「集中しようとする」よりは、**「集中できることを見つける」**という意識を持ちましょう。

時間がかかれば、集中力が下がりますし、お金もどんどん出ていってしまいます。それは、挫折につながるのです。つまり、努力できないのです。

時間がかかりすぎるのは夢の頓挫《とんざ》を意味します。

ただし、ここで注意してほしいことがあります。集中すべきことが見つかったら、大胆に行動すればいいという思考に陥ってしまう人がいるのです。

「集中できることが見つかったので、覚悟を決めて会社をやめてきました。貯金もすべてセミナーに投資します」というように、生きていくことが困難になるような行動をする人が、すぐに撤退していくのを何度も目撃しました。

すべてを捨てて何かをやるという行為には、なんともいえない恍惚《こうこつ》感があります。

ゆえに、それを「なりたい自分になってみせるという覚悟」と捉《とら》えてしまうのもわからなくはないのですが、単純にお金を得る手段を失ってしまったということですから、経済的にも精神的にも耐えられるはずがありません。

これでは、集中して努力はできないのです。

こういう人たちがなぜ失敗するのかと言えば、それは「自分の頭で考えていないから」にほかなりません。

思考停止状態で、人から言われたからやる、尊敬しているあの人がすすめるからやる、これでは自分の未来を切り開くことは不可能です。

確かに、成功者は極端な行動をしていると言えますが、自分の頭で考えて行なったということを忘れてはいけません。最低限生きる術を確保しながら、「なりたい自分」とは何かを突きつめた上で行動しているのです。

誰かに言われてやるのと、自分の頭で考えて実行するのとでは、天と地ほどの違いがあります。

何かを成すためには時間とお金が必ず必要になります。
これを全く確保できない状況に自分を追い込んでも、努力に集中はできません。

恍惚感を求め、〝自分をいじめる〟のはやめる

「誰からでも、学べることがある」を鵜呑みにしない

「誰からでも学ぶべきところがある」

よくこう言われることがあります。

しかし私は、すべての人から学ぶことはなかなか難しいと考えています。

「嫌いな人からでも学ぶ」

「光るところがない人からでも学べることはある」

「すべての人から学ぶ努力をすることが大切」というような世間にあふれているありきたりな言葉を鵜呑《うの》みにしている人は、ムダな努力を重ねる可能性が高いと言わざるを得ません。

嫌いな人から学ぶ努力をする、ということには心理的抵抗が起こります。その心理的抵抗をなくす時間がもったいないとしか言いようがありません。

「なんであの人の言うことを聞かなければならないのか」と、少しでも感じてしまうのなら、学習意欲は下がるので、無理して学ぶ必要はありません。

また、光るところがない人から学ぶ努力をする、ということも、よほど人生を重ねた人でない限り難しいでしょう。

「結果も出していない人から学ぶことがあるのか」

こういった疑問がわき上がった瞬間に、こちらも学習意欲は下がってしまいます。

では、こういった人々を反面教師として、自分の仕事や人生の指針とすることはどうでしょうか。これも難しいでしょう。**回りくどくて時間がかかるだけ**です。

話を聞かなくていい人、話を聞き流していい人、こういった人は確実に存在します。

そういった人から何かを学ぼうとするのは、**時間のムダであり、その姿勢こそムダ**です。そんな時間があったら、優れた部分を持つ人から何かを学び取る努力をしてください。

話を聞かなくていい人、話を聞き流していい人を決めておく

Sergey Nivens/Shutterstock.com

第2章

できる人の努力の「選び方」から「実践法」まで

達成する人、挫折しない人の「選択と集中」の技術

どうせやるなら「意味のある努力」をしよう

ムダな努力をしない。
やるべき努力を厳選する。
その努力に力を注ぐ。

これは、口に出しては言いませんが、できる人が必ず守っている共通点です。

「仕事の結果」
「心の安らぎ」
「将来への不安解消」
「お金に不自由しない生活」

なんでもいいでしょう。何かを得るためには、ある道で努力を重ねなければならないことは当たり前です。

そこで大事になるのが、

努力の質を高め、
量を増やす

ことです。そのために、第1章では、努力の数の減らし方をご紹介しました。

この章では、どのような努力を厳選し、どのように力を注いでいけばいいのかをお話ししていきます。

限られた時間の中で、得たいものを得るためには必須ですし、結果を出す人は意識的にも無意識的にも行なっていることです。

努力の数は、少なくなければならない！

その努力は自己実現につながるか？

なりたい自分になる。

私は、それにつながる努力を第一にするべきだと考えています。

このための努力は、誰もが苦痛なく、ストレスなく、ワクワクしながら行なうことができるからです。

「いやいや、私だってなりたい自分になるために努力をしているよ」

という声が聞こえてきそうです。

しかし、本当にそうでしょうか。なりたい自分を鮮明にイメージできているでしょうか。

お金持ちになりたい。

仕事で結果を出す。

こういった漠然《ばくぜん》とした理想の自分をイメージしていないでしょうか。**これでは、行動はついてきませんので、努力などできません。**

理想のイメージをどんどん掘り下げていって、「今、何をすればいいのか」まで落とし込んでいってください。

私の理想の姿は「国民に愛される医者」です。そのお医者さんはどんな人なのかというところまで、詳しく考えています。

それにつながる努力だけをして、その他のことは得なくてもいいというところまで、強いイメージをつくっています。

あなたも漠然としたなりたい自分ではなく、具体的なイメージをつくって、それにつながる努力をしてください。

“イメージしたこと”しかやれないのが人間

時には「欲求に忠実な努力」を選ぶことも大切

多くの人が自分の欲求を抑えて、日々生活しています。

日本人は、右へならえの教育を受けるので、突出することを恐れます。和を乱さないというい面も確かにありますが、その考え方ではなかなか努力をすることができません。

欲求を抑えることで、物事へ向かうエネルギーが下がってしまうのです。犯罪などへ向かってしまう欲求の解放はよくありませんが、成功するための欲求の解放はいいことです。

最終的には、社会的な貢献にもなりますし、自分自身満足ができる人生を形づくることになるからです。

結果を出したいのなら、欲求に忠実にならなければなりません。

あらゆる心理的ブレーキを外して、一度真剣に、自分が欲しいものを考えてみてください。

本当に欲しいものが手に入ったときにしか、あなたは喜びと心の豊かさを手にすることはできません。

我慢できる力が必要だとよく言われますが、**今までいろいろと我慢してきたのですから、そろそろ欲求に忠実になってください。**

そうしないと、意味ある努力を選択することはできません。

欲求の達成につながる努力を選んで力を注ぎましょう。

欲求を解放することで、努力への大きな前進エネルギーが生まれる

「不足を補うための努力」なら、人は頑張れる！

ここまで、プラスの方向へ向かう努力をしようというお話をしてきました。

ここでもうひとつ、やるべき努力があります。

それは、抱えている自分の課題を解決するための努力です。

人は、**自分に足りないところを補うためには、努力することができます。**なぜなら、多くの人が、何かが自分に不足することを極端に嫌がるからです。

自己実現したい、欲しいものを手に入れたい、そう思ったときには、必ずそれを現実のものにするための課題が見えてきます。

もし、世界トップクラスの営業マンになるという自己実現をしたかったら、それ相応の商品説明のスキルが必要でしょうし、コミュニケーション力も必要でしょう。自分に必要な課題は、次から次に現れるはずです。

それを一つひとつ努力して解決した先に、理想の自分を実現することができるのです。

ここで、注意してほしいことがあります。

それは、**課題を自分事に落とし込む**ということです。自分の課題解決のための努力をするということです。

世界トップクラスの営業マンになるときに、「売り上げを高めるために努力する」ではいけません。

これでは、所属する会社の課題と同じになってしまいます。売り上げを高めるために自分に足りないものは何か？　課題はなんで、自分で解決できることはなんなのか？　という視点を持ってください。

そういった、自分事になっている課題に対しては、何をすればいいのかが明確にわかるので、努力をすることができるのです。

何事も〝自分事〟なら人は動く

才能と能力をうまく発揮させる“3つの視点”

「自分はどう生きたいのか」

「どんな自分でありたいのか」

こういった、自分の核となる本当の「目的」や「価値観」を達成するための努力を選ぶべきです。

「目的」や「価値観」の達成を目指せば、人は才能と能力を最大限に発揮することができます。

それらをムダづかいするようなことをしなくなるのです。

「目的」や「価値観」の達成のためには、自分が進む方向性を決める必要があります。

そのためには、具体的な目標を立てることが重要です。

目標を立てるときに重要になるのは次の3つです。

1　自分の目的、価値観はいったいなんなのか
2　それを達成するためには、どんな結果を得る必要があるのか
3　その結果を得るための計画

これらを明確にして、今やるべきことに集中し、努力を重ねていくのです。

「こんなはずじゃなかった…」とならないように、方向性はあらかじめ決めておくこと

スカウトされる人は努力が〝見える化〟されている

私は歯科医の傍ら、セミナー講師として全国を回っているので、行く先々でさまざまな人たちとの出会いがあります。

私のセミナーに参加する人たちは、誰もが「自分らしい未来を手に入れたい」という気持ちを持ってやってきます。

そんな人たちの中で、ひと際私の気持ちを引きつける、「光る人」がいます。

山形県で歯科医をしているある先生は、私の気持ちを引きつける人でした。

その先生は、私の知識を吸収しようと努力しているのがよくわかります。個人コーチングからグループコーチングまですべて参加するというツワモノなのです。

さらに、全国で行なわれている私の講演会まで、医院のスタッフを連れて熱心に受講してくれます。

そんな彼を見て、「努力の姿勢が素晴らしいな」と感じます。

私も、彼と同じように時間があれば勉強することに力を注いで、何かをつかみ取ろうと必死になっていたことを思い出させてくれるからでしょう。

そこで、ちょうど立ち上げたプロジェクトの主要メンバーとして、彼をスカウトすることにしました。

もうひとり、私が「光る人」だと思っている人物がいます。

それは、愛知県で歯科衛生士をしている方です。その方は、私の本を読んで感銘を受け、一生懸命お金を貯めてセミナーに参加してくれたのです。

同業種の方ですから、どのくらいの年収があるかはだいたい見当がつきます。私のセミナーは高額なものもあり、どのくらいの意気込みで参加しに来たのかは容易に察することができます。

「あなたは、将来どうなりたいですか？」と質問したら、「自分は歯科衛生士として、しっかりとした仕事ができるような人になりたいです」と目を輝かせて答えてくれました。

この方は、私の「これをやると歯科衛生士として、さらなる成長ができますよ」というアドバイスに対しては、「ＮＯ」と言うことがありません。成長のために「すべてＹＥＳ」で行動するのです。

私はその姿勢に感動し、あるプロジェクトに参加できるように推薦《すいせん》しました。

2人とも、**努力の姿勢と行動が、チャンスを引き寄せた**のです。

徹底的に目標のために努力している人は、人の目を引きます。そういう人が身近にいたら、周りの人は放っておけなくなるのです。

彼らが他の人と違っていた点は、自立した人生を生きたいという強い思いです。

「なんとなく努力してみよう」では、人の心は動かせません。

「なんとしても自分を変えたい」という気持ちで努力をするからこそ、それが相手に伝わるのです。

「人に気づかれない努力」はチャンスを引き寄せられない

“ひとりでコツコツ”にこだわらない

「努力」と聞くと、ひとりでコツコツ真面目に取り組むというイメージがありますが、はじめはそれではうまくいきません。

すでに、大抵の人は、真面目だし、コツコツ頑張っているのです。特に、あなたはビジネス書を読むような意識の高い方なので、頑張っていないはずがありません。

しかし、多くの人たちが「なりたい自分」になることができません。

私は、人生は誰と出会うかで決まると考えています。

良い出会いさえあれば、今いる位置から一段高いステージに一気に引き上げてもらえるからです。それは、階段で屋上に行くのと、エレベーターで行くほどにスピードと労力の差があります。

部屋にこもってひとりで勉強を続けていても、誰とも出会うことはできません。人間は誰かとつながっているからこそ、**自分の能力を発揮する場を与えられる**のです。

成功にとって、スピードは重要なファクターのひとつです。

では、どうすれば良い出会いに恵まれるかと言えば、それは自分の目的に基づいた行動しかありません。

あなたが究めたいことに関係のある人の元で学ぶことになるので、チャンスが生まれるからです。

私は学生時代、アルバイトをするときは必ず歯科医の仕事に関係している所を選ぶようにしていました。

自分の目標と関係のないものを選ぶことなど考えられなかったからです。

そういう所に身を置いていれば、情報は入ってきますし、あなたに必要な人と出会うことも可能なのです。

関係者の近くに行くことで、ステージを一気に上げてもらう

「実績」がなくても支援者を得られる人の共通点

良い出会いに必要なことは、行き当たりばったりではなく、しっかりとした思考に基づいて行動することです。

あなたの今いる位置は、あなたが過去にイメージ、思考したことの結果なのです。

それが嫌なのであれば、もう一度じっくり「何を成すべきか」考え直してみることです。

しかし、たとえ良い出会いがあったとしても、**あなたに魅力がなければ、支援しようとまでは他人は思ってくれません。**

逆に言えば、男性には男性としての魅力、女性には女性としての魅力があり、それを磨いている人であれば、チャンスを与えられる可能性は高まります。

たとえば、一般的には女性が女らしさを武器に仕事を取ったりすることを良しとしない風潮がありますが、私はその女性に武器があるのならば、それを使ってもいいのではないかと考えています。

これは少し極端な話をしましたが、話術でもなんでもいいから、**自分の武器を持つ**ことをおすすめします。

誰だって、退屈な人よりは、魅力のある人とつながりたいと思うからです。

魅力を高めることで、良い人間関係が構築されますが、最後に注意していただきたいことがあります。

影響力のある人から支援されると、安心感からそれまで持っていたハングリーさを失ってしまうことがあります。すると、もうそこから上には行けなくなります。

「まだまだだ。自分はもっと上を目指していたじゃないか」という気持ちを持ち続けることも忘れないようにしてください。

ハングリーさの維持は、最高の〝油断防止〟策

「バカ力」が発揮されるメカニズム

必要に迫られないと、人は集中して努力ができない生き物です。

目標のない努力は集中力が高まらず、才能と能力が活かされないということを私は嫌というほど経験し、確信しています。

人間は、集中しているときは成果を出すところまで極端な努力もできるのです。時間がなければないほど集中できるし、自分でも信じられない力を発揮することができます。

「火事場のバカ力」とはよく言ったものです。

本当になりたいものがあるときの努力は、見るものやることすべてをそれに結びつけて考えることができるので、努力にムダがありません。

しかし、多くの人がやっている努力は、**「短期集中型」ではありません。**

ダラダラと、それが何に役立つかもわからないことに時間を浪費してしまっているのです。

こうした「ムダな努力」をしてしまうのは、「本当になりたいもの」がわかっていないからです。「本当になりたいもの」がわかっていれば、努力はムダにならない。なんとなくなりたいというレベルの、イメージができていない努力だからムダになってしまうのです。

人生の時間は限られています。

流れに身を任せて生きるのは自由ですが、それではどこへ辿《たど》り着くかわかりません。その場所が、望んでもいない場所だからやり直そうとしても、手遅れだったということはいくらでもあるのです。

ムダな努力をしたくないのであれば、目標を明確にして努力をし、いつまでにそこに辿り着かなければならないのかを考えなければなりません。

「社長になりたい」なら何年後なのか、それには何年後に部長にならないといけない、では課長は、では今は、という具合に**時間軸をイメージしていく**のです。

そうすることによって、自分は今何をやるべきかが具体的に見えてきます。

「よし、1年後に課長になるために、今はこれとこれを絶対にやり遂げよう」

こうなると、**自分がやるべきことに集中できますから、他の「ムダな努力」をすることもなくなるわけです。**

たとえば、「社長になる」という壮大な夢は、どこか絵空事でとりつくしまのない願望にしか思えません。

いったいどこから手をつければいいのかわからなくなりがちですが、今言ったように時間を逆算して、期間を区切って考えれば、今の自分にどんな努力が必要なのかがわかるのです。

そして、どんどん結果を出すための努力を見つけて、重ねていくのです。

コツは、その努力を短期間で行なっていくこと。

短期集中型の努力を重ねる意識を持ちましょう。

長期の努力をするよりも、短期の努力を重ねる意識を持つ

"何をすればいいのかわからない"人のために

いきなり**大きな目標を達成しようとする必要はありません。**

まず小さな目標を決めて、それを実行に移してみることです。

たとえば、プロジェクトで1000万円の売り上げを達成させなければならない。商品の発売は8月○日だから、7月の半ばまでにマーケティングを決めて、予算立てはこの日までに、というように考えながら、小さなことを確実に行なっていくのです。

それが積み重なっていけば、自分のやっていることに自信がついて、より大きな欲求を抱くことができるようになります。

「マズローの欲求5段階説」をご存じでしょうか?

人間の欲求には5つの段階があり、下層から、第1段階「生存の欲求」、第2段階「安全の欲求」、第3段階「社会的な欲求」、第4段階「尊厳の欲求」、第5段階「自己実現の欲求」となっています。

第一段階の「生存の欲求」は生きるために最低限必要な、たとえば食べ物の確保をしたいという欲求で、そこからどんどん欲求のレベルが上がり、第5段階の「自己実現の欲求」が、先ほどの「社長になりたい」といった、相当な努力をしなければ辿り着けない欲求ということになります。

人間はこれらの欲求を下の階層から満たしていき、第1段階が満たされれば第2段階、それが満たされると第3段階と次の欲求へシフトするというのです。

これが正しいとするなら、小さな欲求を叶えれば、より大きな欲求が自分の中にわき上がるということですから、それを使わない手はありません。

簡単な欲求を満たすことで〝やりたい努力〟が明確になる

もし、自分が「何をすればいいのか」がわからない人は、まず簡単な欲求を満たすことから始めてみてください。そうすれば、本当にやりたい努力が見えてきます。

自分の中に、思ってもみなかった欲求が潜んでいることに気づいて驚くことになるでしょう。

挫折しない人の「努力を続ける」コツ

努力を続けられるかどうかは、**ゴールが自分にとってワクワクするものであるかどうかがポイント**になります。

私の場合、「多くの人に愛される医者」というイメージでは、心がワクワクしませんでした。そこで「国民に愛される医者」とイメージし直したら、心が高鳴ったのを今でもハッキリと覚えています。

「多くの人」では、自分の周りにいる人たち、自分が仕事をしている地域しか思い浮かべることができませんが、それを「国民」に置き換えたとたん、そのイメージは日本全体に広がります。

日本中の患者さんたちが、私の治療を望んで待っている光景が目に浮かんだときに、「これだ！」と思えたのです。

“壮大なイメージ”と“緻密《ちみつ》なイメージ”を行き来する

次に、「国民に愛される医者」とはどのような医者なのかを具体的にイメージしていきます。

「知識がある」「他の医者にはない技術を持っている」「見た目がスマート」「笑顔が素敵」「コミュニケーション能力が卓越《たくえつ》している」……など、さまざまな条件が浮かびました。

それと同時に「なぜ、そうなりたいのか」という理由もイメージしました。

それまでの診療の経験や、出版に携わる中で、私は歯科診療への不満の声をたくさん聞いていました。

そこで「医学界に対し、医療に関する不満がなくなるような業界にしようと伝えたい。そして、日本の医師たちに、何を学ぶべきかを伝えたい。そんな影響力のある医者になりたいから、国民から愛され、支持される必要がある」と考えました。

イメージが明確になればなるほど、努力を続けることができます。

つらいときにも挫折することなく、将来を見据えた努力ができるのです。

できる人は、どのように不安を消しているのか？

努力を始めたころには、なかなか結果が出ないということもあるでしょう。

そこを頑張ってやり抜けば、絶対に次の段階に行けるのに、どうしても耐えられなくなって脱落してしまう人が大多数なのです。

時間的にも経済的にも苦しさが続くから、あきらめて違う夢を追い、やはりそこでも同じことを繰り返してしまうという悪循環に陥る人が多いのです。

「なぜ、成功者たちはそこを乗り切れたのか」と言えば、絶対にそれを成し遂げるという強い思いと、それが本当に好きでやっていた、という2つしかありません。

私の場合も、自分が納得できる歯科医となるために努力を開始したころには、時間的にも経済的にも圧迫されました。投資や勉強に時間とお金を注ぎ込みましたから、お金は減る一方だったのです。

しかし、目標に向かって努力することは楽しく、それをやり遂げようという気持ちしかなかったので、不安な気持ちを抱いたことは一度もありませんでした。

苦痛を感じずに、人一倍努力できたのです。

セミナーに参加して、70、80人の人がいたら、「その人たちよりも自分は一番努力している」という自負を持てるように努力しました。

「ここにいる誰よりも自分は努力している。だから絶対に負けることはないはずだ」この圧倒的な努力が私を支え続けてくれたのです。

知り合いの成功者と話をしてみても、誰ひとり、自分は最初からずば抜けていたと言う人はいません。

少なくとも人よりは絶対に、誰にも負けないくらい努力をしてきたと言うのです。

そして、**自分がトップに立ったときに振り返ってみると、自分より努力している人がいないことに気づいた**と言います。

何かを成し遂げている人というのは、それだけの努力を積み重ねてきているのです。

誰もいなくなるまで居座るだけでいい

「ハードな努力」は〝慣れ〟で乗り切る

私は北海道の帯広市で開業しています。勉強に没頭していた当時、東京で土日にセミナーなどが行なわれると、金曜日の仕事をギリギリまでやってから、最終便で東京に向かいました。

東京に入ると大体23時くらいです。そこからホテルに移動します。

当時はお金がないので、良いホテルに泊まれるわけではありませんから、当然安いビジネスホテルに泊まるわけです。

次の日の土曜日は朝からセミナーを受けて、さらに日曜日も受けて、日曜日の最終便で帯広に帰らなければならないのですが、それでは講義を最後まで聴くことができません。

けれども、最後まで聴かないともったいないので、少し遅めの千歳経由で帰ることにするのですが、乗り継ぎが悪ければ寝台になってしまいます。家へ到着するのが午前4時になることもありました。

便を待つ間、空港のベンチで、コンビニで買ったおにぎりを食べながら、ひたすらその日のセミナーのテキストや、録音してきた音声を聞いて勉強しました。

そして、寝台の中でもテキストを見ながら勉強を続けたのです。

朝4時に到着したら、少し仮眠を取って、月曜日の朝から普通に仕事をしていました。

こんな生活をずっと続けていたのです。

私は、病院を始めるときに自分で全額借金しましたし、歯科治療のスタイルを確立するために海外にも技術習得に行っています。

借金の量は、おそらく通常の人の6倍から7倍くらいは最終的にしているはずです。

それをひとりで返していこうと思うと、当然普通にやっていても返せない額ですから、覚悟が決まります。

「もうこの道を極めるしかない」

退路を断って、一心不乱に努力を続けたのです。

その人に力があるということは、何かを身につけているということです。

だから、勉強をする。それも圧倒的にやる。

今の私を見て、「井上先生だからできたんですよ」と言う人がいますが、**私は誰でもやろうと思えばやれることを愚直にやり続けてきただけ**です。

外科的な手技だったら、スーパーに行って冷凍の豚肉を買ったり、豚の顎《あご》の骨を分けてもらって、診療が終わったあとにそれらを使って外科的なトレーニングをやりました。

セミナーをビデオ撮影させていただけたものに関しては、夜寝る前に見て、次の日の夜に実際にその手技をいろいろ機材を使ってやってみて、それで思うようにいかない所はビデオをチェックし直して、もう一度やる。

少し時間的に余裕があれば、歯科医療関係の本だけを売っている専門の書店に行き、今やっている勉強に関しての書籍、翻訳本や海外本も含めて、できるだけ価値がある本を買って、それを読みました。

そうやって、人の何倍もの努力をして、しかもそれを反復トレーニングしていき、実践していくということを積み重ねていった結果、今の私があります。

ハードに努力をする。

これはまだ慣れていないときは、つらいことではあります。

しかし、それを乗り越え、人と違った選択をしているからこそ、またその選択に対する自分の思いが強いからこそ道が開けるのです。

常識で考えた世界で物事を選択すると、人と違った世界にはいけないのです。

未来に対する保証など、どこにもありません。

やはり最後は、実力が自分にあるかどうかが人生ではカギになるのです。

第3章

“自分を捨てる英断”が「吸収力」と「継続力」を高める

スキル、知識、人間力……
成長のスピードを上げ、
底力をつける秘訣

〝まっさらな自分〟で努力をする驚きの効果

努力が報われる確率を限りなく高める方法があります。

それは、**一度自分をまっさらな状態にしてから努力をする**、ということです。

努力の内容は人それぞれです。勉強をしたり、仕事の結果につながるスキルアップのトレーニングを行なったりでしょう。

ただし、ここで重要になってくるのが、学んだことを吸収する力です。

私の周りの成功者を見ていていつも感じるのは、みな素直だということです。

「この結果を出すためには、○○をするのが一番だ」

これが明確になったときに、愚直に実行し、努力を続けるのです。

人生がうまくいかない人は、

「なぜ、これをしなければならないのか？」

「これは本当にやる意味があるのか？」

と**理屈が先に立ってしまうから行動を起こせないし**、続かないのです。

つまり、吸収力が低く、継続力が低く、ノウハウコレクターで終わってしまうのです。

自己実現につながる有効な方法を受け入れられない原因は、ずばり過去の自分の価値観で生きているからです。

余計な先入観を持っているので、努力の結果を出しにくくなってしまうのです。

心理的抵抗を常に抱えている状況で行動を重ねていては、努力も実りません。

過去の自分と決別し、まっさらな自分で努力を重ねていきましょう。それこそ、努力をムダにしないための必須条件なのです。

先入観があればあるほど、吸収力は下がる

過去の記憶が〝できる人〟を〝できない人〟にする

自分のスキル向上のために努力はしたいが、過去の自分に潜在的にネガティブな感情を持っている人がいます。

本当はとても真面目で努力をする力を持っているのに、「頑張ってもどうせうまくいかない」と、どこか投げやりなのです。

誰もが失敗知らずの人生を送ることはできません。そう考えると、**「自分は何をやってもうまくいかない……」という気持ちを持つのもわからなくもありません。**

理想の人生を送るためには、過去を断ち切って次のステージに行く必要があります。

努力をしている期間は、耐える時期だとも言えますので、相当な不安を抱えることもあるでしょう。

多くの人が、その不安に耐えきれず、断ち切ろうとした過去に舞い戻ってしまうのです。そして結局、身につけられるスキルを身につけることなく終わってしまいます。

「今のままでもいいか……。努力したところで人生大きくは変わらないだろう……」

こういう考え方をしてしまい、自分の理想を叶えることなく終わってしまいます。

せっかく途中まで努力して人生を変えようとしたのに、それを価値あるものに変えられていなければ、そこから脱却した新しい人生を生きることにならないのです。

できる人は、一度過去の自分を断ち切り、努力を重ねていきます。

光の世界に行く人と、そうでない人は、そこが決定的に違うのです。

努力もなく、今の環境に安住している、もしくは過去の経験から「頑張ったところで、たいしたことはできない」と決めつけてしまっている。

これでは、自分を変えることはできません。

過去を振り返るのではなく、前を見る人に、光の世界の扉は開くのです。

チャンスは、努力している人にしか与えられません。過去の自分を一度まっさらにすることで、誰もが実力をつけることはできると知っておいてください。

リスタートは気楽に繰り返していい

過去や現在を否定するよりも〝開き直る〟に限る！

過去の自分だけでなく、現在自分が置かれている状況からどうしても抜け出せない、努力をする意欲がわかないという人がいます。

予想もしない事態に直面して、途方にくれてしまっている人は世の中にたくさんいます。

自分に全く非がなかったとしても、生きているとそういった逆境に立たされることが誰にでもあります。

「どうして自分だけがこんな目に遭うんだろう……」

「いったい私が何をしたっていうの？」

「信じていたのに裏切られてしまった。世の中というのはこんなに世知辛いものなのか……」

現状を嘆き、苦しい毎日を送っている人には、未来に目を向ける力などわくはずがありません。

過去や現在を否定し、自分を取り巻いている世界を恨んだとしても、現状は変わりません。

このまま**悲嘆に暮れながら過ごしていても何もいいことがないのなら、開き直って生きていくほうがいい**に決まっています。

私はよく「先生ほどになれば人生は思い通りなのではないですか？」と言われますが、嫌なことがまるでない人生を送っているわけではありません。

妬《ねた》み嫉《そね》み、仕事でのトラブルなどもありますし、足を引っ張られることもあります。

そんなとき、私はこう思うようにしています。

「嫌なことは全部、自分のエネルギーに変えてやる！」

逆境はパワーの源なのです。

ある道で上を目指せば、ライバルたちは当然あなたを蹴落とそうとしてきます。

それをつらいと感じるか、「負けないぞ！」と闘志を燃やす燃料にするかはその人次第です。

つまり、逆境にいるときこそ、努力のしがいがあるのです。**うまくいっていないときに、人生を楽しくするには努力することがもっとも有効**なのです。

目標さえあれば、逆境もまた自分を奮い立たせるエネルギー源になります。

「なりたい自分」がなく、流れに身を任せていると、逆境に立たされたときに自分を支えてくれるものがありません。

風に飛ばされる木の葉のように、ユラユラ舞い散る、はかない存在になってしまうのです。

どんな逆境にあっても、それを楽しむことは可能です。

どんな状況でも自分の目標を見失わず、それに向かって努力することで、人生は変わっていくのです。

どうしようもない人生を楽しくするカギは、努力であることが多い

お金よりも〝美味しいエサ〟を自分に与える

「なりたい自分」とは何かを明確にし、そこに向かって努力をすれば、成功する確率は高くなります。

しかし、単純に**「お金持ちになりたい」と思っている人はなかなか努力が実りません**。努力への意欲が高まらないからです。

お金は生きていく上でなくてはならないものですから、お金がない状態は私たちを不幸にしてしまいます。

ですから、「お金持ち」を目指すことは悪いことではありませんし、お金がたくさんあれば、とりあえず不幸を遠ざけることはできます。

ただ、私はお金持ちになりたいというだけでは、努力は続かないと考えていますし、それでは幸せになれないと考えています。

それではどうすればいいのかと言えば、自由を手に入れるためにお金を稼ぐと考えるのです。

「お金持ち」をゴールに設定するのではなく、そこから一歩進んで「自由」を目指せば、努力も続きますし、真の幸福感も得ることができるからです。

人生への満足感が得られない努力は苦痛になってしまいます。

たとえば、単純にお金がある状態だけを望むなら、お金持ちと結婚すればすぐに実現できてしまいます。手段を選ばず、犯罪スレスレの高収入の仕事をやれば、お金はたくさん入ってきます。

しかし、これらのやり方でお金を得てしまった人は、本当に満足感を得られるのでしょうか。その後、努力を重ねることができるでしょうか。

確かに、お金持ちと結婚した人は、高級外車を乗り回し、身に着けている洋服やアクセサリーは高級ブランド、家は一等地に構えることができるでしょう。

でも、お金は自由に使えても、すべてパートナーの命令に従わなければなりません。

「お金持ち」になるというだけの動機は柔軟性に欠ける

息苦しいからといって、ひとたび不満をもらせば、無一文で家を追い出される可能性だってあります。

犯罪スレスレの高収入の仕事をすれば、周りには良くない人ばかりが集まってきます。そういう人たちとひとたび関係を持てば、どこまでもつきまとわれて、なかなかその世界から解放してはくれません。

お金持ちになるために努力をしようと考えている人は、少しだけ抽象度を高めて、自由を得るために努力をしてみてください。

人から与えられたのではなく、自分が努力してつかみ取った価値は、一生あなたに自信を与え続けてくれます。

どんなときでも誇りを持って生きていける自分、それが自由をつかむカギとなるのです。

あなたが成長することを“不快に思う人”が増える快感

人は、自分が経験したことや、現在置かれている環境でしかものを考えられないので、知らず知らずのうちに自分の中に限界をつくっています。

子供が無限の可能性を持っているのに、周りが小さな環境に押し込めてしまって、その芽を摘んでしまうことが多いのはそれが原因です。成人になっても、自分の人生を歩むことができない人はかわいそうです。

「これが自分の限界……」

自分に向上心が芽生えたとき、周りの人間からの評価を基準に自分の力を計っていれば、現状から抜け出すための努力はできません。

では、向上心が芽生えた人は、そこからどうすればいいのでしょうか。

葛藤《かっとう》し、過去の自分を否定したくなるし、なかなか現状から抜け出せない。どうしたら抜け出せるかわからない。

自分が何かを努力しようとするたび、友達に「それって騙《だま》されてるんじゃないの？」「それって、なんのためにしているの？」と言われて努力をあきらめてしまう。

向上心のない仲間たちは、狭い世界から抜け出そうともがいているあなたを連れ戻しにきます。自分に信念のない人は、そこで簡単に連れ戻されてしまうのです。

自分に負荷はかかりますが、そこから勇気を出して一歩踏み出す、チャンスをつかむために自分の行動を変えることが必要なのです。

自分の過去は全部認めてあげて、親も仲間も許してあげる。その上で過去を断ち切って新しい自分に生まれ変わるのです。

自分の無限の可能性を、24時間信じ続けることから始めてみてください。

信じ続けることで、人の意識は行動へと変わるのです。

すると、目の前で起きるすべてのことを、やるべきことに結びつけて努力できるようになります。

今まで見えなかった世界が見えるようになるのです。

私は、自分が思い描いたことはすべて叶うと考えています。

それは思い描いたら自然に叶うのではなくて、思い描いたものを取りにいく行動を人間がすることをわかっているからです。

欲しいものは欲しいのです。人間はそういう生き物です。

人生を自分で悪いほうに決めつけてしまわないことが大事です。

あなたは、欲しいものを得るイメージをしていますか？

周りの人々をただただ許してみよう

〝勝つまでやめない人〟とあなたの共通点とは？

成功した人を見て、「あの人はもともと人脈があったからできたんだ」とか、「お金に恵まれていたからできたんだ」と言う人がいます。

それは否定しないのですが、決定的な要素とは言えません。

お金、人脈、それらをひとつも持っていないのに成功する人はいるのです。

努力してある道を極めることで成功していく人のほうが、**人脈やお金があって成功した人よりも圧倒的に多い**のです。私の周りにもそういう人たちがいて、精力的に活動しています。

では、その人たちに共通している要素は何かと言えば、自分の強い欲求から目をそらさないということです。

これこそ、努力への意欲を高め、努力の継続を支えてくれるのです。

成功者は、「なりたい自分」が明確にあって、それを達成できるまであきらめないから成功します。

いくらお金をたくさん持っていても、応援してくれる人がいたとしても、その人自身にやりたいことがなければ何も成すことはできません。

仮にあったとしても、途中であきらめる程度のことでは話になりません。

「強い欲求」は行動につながります。

欲求が強ければ、居ても立ってもいられなくなり、行動せざるを得ない状況が勝手につくられるのです。

私はこれまで、自分がやりたいと思ったことはすべて実現してきました。

歯科医として開業し、本業以外にも講演をしたり、本を出版したり、コーチングをしたりと自分の夢をすべて叶えてきました。

一つひとつではありますが、やりたいと思ったら、そのどれも我慢することなく行動に移したからです。

しかし、これは私が優れているからではありません。どうしてもそれがやりたい、どうしてもそれが欲しい、その思いだけで身体が勝手に動いてしまうのです。

自分にはアレがない、コレがないと考えるのではなく、アレをしようと考えればいいだけの話なのです。

足りないものを挙げてできない理由にするのは、単なる言い訳に過ぎません。

「自分にはそこまでの強い欲求はない……」

こんなことを言う人もいそうですが、果たして**「欲求」を持たない人などいるのでしょうか。**

よくお話しするのですが、2泊3日の予定で海外出張に出たばかりのあなたが、スーツのポケットに以前購入して忘れていた宝くじが入っているのを見つけ、念のためにネットで当選番号を調べてみたら、なんと3億円が当たっていたとします。

ところが、その宝くじの換金期限が明日の19時になっていることがわかったら、あなたはどうしますか。

仕事で海外に来ているからといって、3億円をあっさりあきらめますか？

どんな手段を使っても、明日の19時までに日本に帰ろうとするのではありませんか？

大好きな女優さんに「今すぐ北海道の最北端に来てくれたら、あなたとつき合います」と言われたら、どんな困難な道のりでも行くのではないでしょうか？

これらは、明らかに「強い欲求」が働いている証拠です。

考えれば、必ずあなたの中に欲求があるのです。

私たちは普段から「強い欲求」を持っているにもかかわらず、それを封じ込めて生活しているのです。

「そんなことできるはずがない」

そう思い込んでいるから表に現れてこないだけです。

自分が封じ込めている欲求は何なのか？　それを確かめ、封印を解いてやることが大切なのです。

欲求を我慢する必要はありません。

「アレもない」「コレもない」より「アレをしたい」でいい

〝選ばされる人生〟からは、とことん逃げよう

自分の「欲求」がわかれば、行動はおのずと決まりますので、苦痛なく努力をすることができます。

ところが、「強い欲求」を持っているはずなのに、うまく行動できない、自分の行動が裏目に出てしまうという人がいます。

「これは価値がある」

「これを絶対にやりたい」

そう思ってきたことが、実は自分の欲求ではなく、**他人から刷り込まれた価値観である場合**にそうなるのです。

あなたは、自分の価値観は自分でつくり上げてきたと思っているはずです。

しかし、生まれ育った環境や友達の影響などによって、あなたはかなりの影響を受

けています。

「私は将来、学校の先生になりたいです」

小学校の卒業文集にこう書いた子供がいたとして、その「なりたい自分」が実はその子のお母さんの願望であったなんていうことはざらにあります。

毎日のように「学校の先生は立派な職業なのよ。あなたも将来、学校の先生になりなさい」と言われていたら、その母親の言葉がそのままその子の言葉となって表れることはよくあります。

母親は子供のためを思ってそう言ったのでしょうが、学校の先生になることがその子の本当の夢ではないので、生きていく過程でヒズミが出てきます。

教員採用試験を受けようと勉強を始めても、なぜかやる気が起きない。

自分は先生になることを希望しているはずなのに、そのことを考えてもワクワクしない。

自分のための努力以外は、なかなかできないのが人間です。

これらの原因は、すべて**「他人の価値観」で生きている**からです。

本人は自分で選んでいるかもしれませんが、それを選ばされているのです。本当は自分で選んでいないから楽しくないのです。

知り合った人たちの影響で、悪いほうへ導かれたということだってあります。

心では成長したいと思っているのに、そういう人たちが足を引っ張って、自分たちと同じレベルに押しとどめようとするからです。

違う環境にいたら、全く違った選択ができたかもしれないということに気づいてください。

今の環境を選んだのは自分かもしれませんが、**今後の選択は、自分で選ぶことができる**のです。

自分の価値観で生きなければ、努力を重ねることはできません。

ならば、過去にこだわらないで、自分の価値観とはどんなものなか、真剣に探ってみることです。

他人のための努力はいつか破綻する

多くの人が「コーヒーの中にオレンジジュースを注いでいる」

過去の価値観をコーヒーだとしたら、その中に新しい価値観であるオレンジジュースを注いでも、混ざり合って味を楽しむことができません。

1回コーヒーを捨てて、オレンジジュースを注いでやる必要があります。

古い価値観を一旦捨てなければ、新しい価値観を受け入れることはできないということです。

ところが、**古い価値観を引きずったまま努力をしようとする人が、驚くほど多い**のです。

私はよく「まず、今までの価値観を捨ててみたら？　そうしないと新しいものを受け入れられないでしょう」とアドバイスします。

すると、「今までの私の中にも良いものはあるはずです」と反論されてしまうことがあります。

もちろん、その人の過去を全否定しているわけではありません。いいものもあれば悪いものもあるというだけのことです。

一度リセットしなければ、新しい価値観を詰め込むことはできません。先入観があれば、当然学びの効果は薄れます。努力して学んだことの吸収力が下がってしまうのです。

一度自分をリセットして努力をすれば、学習効果も高まります。

記憶（思い出）は自分を構成している大切な要素であり、それを失うことは自分自身を喪失《そうしつ》するかのように感じるかもしれませんが、そうではありません。

過去の自分を否定するのはつらいことかもしれません。

しかし、過去の価値観が良いものならば、あなたは今「なりたい自分」になれていたはずです。

リセットボタンを押さなければ、新たな自分に生まれ変わることはできないのです。

「シンプルな真理」にしたがい、本気度を高める

時々私は、同世代の成功者がニュースなどで取り上げられているのを見聞きして思うことがあります。

「彼はどうしてあんなにレベルの高いことをやれるのだろう？　私も彼も同じ時期に生まれているのに……」

同じ時期に生まれ、同じ時代を生きてきたはずなのに、現在見ている世界のレベルが違うのです。

私の何十倍も稼いでいるし、社会への貢献度たるや計り知れないものがあります。

私と彼の違いはいったい何なのか？

そのことを考えているうちに、私はひとつの結論に至りました。

ニュースに取り上げられるような成功者は、自分が思い描いたことを信じて行動に

移し、その**思考が現実になったにすぎない**と。

私と彼の差は、「理想を持つ思考と、行動のプロセス」を持っているかどうかだけだということがわかったのです。

「高い理想を掲げ、それを信じて行動に移すことは誰にもできるはずだ。そうすれば、今まで成し得なかったことが可能になる」

同世代の人間に「優劣」があるのなら、私はなんとしても「優」の世界で生きようと決意したのです。

真理とは、実にシンプルなものです。

仕事をしていると、よく「この人、もったいないなあ」と思うことがあります。

自分の可能性を小さく見積もって、やりたいことや欲しいものに自ら限界を設定してしまっているのがわかるからです。

たとえば、あなたが営業マンだとして、売り上げが5番目の人はトイレ掃除をすることになったとします。

5番目になってしまい、トイレ掃除に取りかかっていたら、4番の人がトイレに入ってきて、「先輩すみません。ここも拭《ふ》いといてください」と言い捨てて出て行ったら、次は絶対に勝とうと思うはずです。

できない人は甘えているのです。どこか本気じゃないということです。

やれることをやっていない。やることを考えられない。

この差が結果に出てしまうのです。

成功するかどうかの違いは、**本気かどうか**というだけです。

私が今取り組んでいるプロジェクトチームには、日本一の仕組みをつくってきた人が参加してくださっています。

私はそこで「もっと煽《あお》ってください」と言います。

人は負けないためならどんなことでもエネルギーに変えていきます。

本気になれば人間は努力ができるのです。悔しい気持ちがわき起こってきたら、それが成功への第一歩となるのです。

「優」と「劣」の世界、あなたはどちらを選ぶ？

郵便はがき

料金受取人払郵便

牛込局承認

1022

差出有効期限
平成29年5月
31日まで

162-8790

東京都新宿区揚場町2-18
白宝ビル5F

フォレスト出版株式会社
愛読者カード係

フリガナ お名前	年齢　　　歳 性別（ 男・女 ）
ご住所　〒 ☎　（　　　）　FAX　（　　　）	
ご職業	役職
ご勤務先または学校名	
Eメールアドレス メールによる新刊案内をお送り致します。ご希望されない場合は空欄のままで結構です。	

フォレスト出版の情報はhttp://www.forestpub.co.jpまで!

フォレスト出版　愛読者カード

ご購読ありがとうございます。今後の出版物の資料とさせていただきますので、下記の設問にお答えください。ご協力をお願い申し上げます。

●ご購入図書名　「　　　　　　　　　　　　　」

●お買い上げ書店名「　　　　　　　　　　」書店

●お買い求めの動機は？

1．著者が好きだから　　　　2．タイトルが気に入って
3．装丁がよかったから　　　4．人にすすめられて
5．新聞・雑誌の広告で（掲載紙誌名　　　　　　　　）
6．その他（　　　　　　　　　　　　　　　　　　　）

●本書についてのご意見・ご感想をお聞かせください。

●ご意見・ご感想を広告等に掲載させていただいてもよろしいでしょうか？

□YES　　□NO　　□匿名であればYES

〝スマートさを捨てる〟ことで効率が上がる

なんの努力もせずに、「どうしたらお金持ちになれますか？」「どういう勉強をしたら成功できますか？」とあちこちで成功者に聞いて回る人がいますが、そういう人はまず何も達成することはできません。

方法論は枝葉であって、本質とはかけ離れているからです。

自分の成し遂げたいことに対して努力して取り組んでいるか？　今、すでにそれを始めているかどうかが重要なのです。

初めは、目標達成につながると思えることを、**手当たり次第にやっていけばいい**のです。

やっているうちに、自分なりの勉強のしかたがわかるようになっていくものです。

私の経験から言わせていただければ、本当にやるべきことが目の前に現れてきます。

そうなれば、それに力を注げばいいのです。

目標に向かって努力していれば、自然と情報も入ってくるし、何をすべきかもはっきり見えてきます。

試行錯誤するから努力が自分のものになり、ゴールに辿り着くことができるのです。

試行錯誤した人には、強さがあります。

努力なくしては、粘り強さや経験に裏打ちされた勘のようなものは備わることがありません。

しかも、試行錯誤する人は、その過程で人としての義理や人情、礼儀礼節、気配り、そういった人間学を徹底的に学ぶことになります。

効率しか頭にない人たちは、そういうものが欠けてしまうのです。

効率を最優先するのはスマートに見えますが、実は効率がいいとは言えません。試行錯誤して身につけた方法こそ、実は一番効率と効果が高いのです。

試行錯誤こそ強さの源になる

根本を押さえれば、あとはラク！

私が論文を書くときは、まずどういう研究をやるかを決めて、それに関連した文献があるか探します。

それらの文献を読み終わると、今度はそれが何を参考に書かれているのかを知るために、参考文献が書いてあるページを見ます。

そのようにして孫引きしていき、また違う文献を読んでを繰り返し、膨大《ぼうだい》な量の知識を得てから、それらを総和して整理するというやり方をしています。

こうすることで、本に書かれていることの根本がどこからきているのかを知ることができるので、さらに理解が深まるのです。

物事を深く知るには、とてもいい方法だと私は思っています。

インターネットでサラッと調べるだけでは、ここまで詳しい知識は得られません。

勉強は、**掘り下げる力が大事**なのです。

自分なりの努力を続けていると、この人から学ぼうという人も現れます。努力した結果、見えてきた人があなたにとって一番学ぶべき人です。

自分が努力していった先に、求めていた人に出会うというのは、努力に相手が引き寄せられるということです。

自分でまだ何もしていないのに、「どういう人から学ぶといい勉強ができますか？」などと聞いたところで無意味です。

努力しているから必要な人が現れるのです。

私は、自分が講演会やセミナーなどに参加して学習していた頃には、どこに行っても応援してもらえた記憶があります。

行く前に予習を欠かさずしましたし、より深い内容をその講師から学ぼうという姿勢でいたからです。

それが、他の受講生とは違う印象を講師に与え、チャンスを得られたのだと思います。

普段から努力して「光る人」になれば、講師も一目置いて応援してくれるようになるのです。

漫然とセミナーに参加しているだけでは人は成功しません。

セミナーに参加して、講師の目にとまる人。

これが、成功する人なのです。

効率ばかり考えて頭でっかちになるよりも、なんでも吸収してしまうパワフルな人間に、人は魅力を感じ、引っ張られるのです。

支援者が現れる人は、深く学んでいく人

Dirima/Shutterstock.com

第4章

24年間、1億円の自己投資でやっと気づけた「失敗しない学び方」

時間の確保、モチベーションの維持、
何からどう学ぶか……
必ずリターンを得る人がやっているコツ

〝確実にリターンを得られる〟自己投資のコツ

世の中でものを言うのは、なんと言っても実力です。その実力を高めるためには、自己投資をすることになります。

しかし、自己投資には２種類あります。

リターンを得られる自己投資。

リターンを得られない自己投資。

そして、多くの人が後者である、リターンを得られない自己投資を行なってしまいます。

その理由は、

・学んだことを深く理解できない

・学んだことを実践しない

マスコミ、学歴、
インターネット、人間関係、
経済、政治、病院
…など、何も信じることが
できなくなった時代だから、

自分を磨き続けよう!

あらゆる価値観が崩壊していく時代

この小さな冊子を手にとっていただき、ありがとうございます。実はいま、あなたのまわりでは、とてつもない変化が起きていることにお気づきでしょうか? **インターネットの発達による多量の情報、世界のグローバル化**といったことを要因に、「これさえあれば、一生安心だ」というものがなくなってしまったのです。一昔前であれば、**「学歴」**や**「大企業」**というものが絶対的な価値を持っていましたが、今や学歴があっても無職、大企業でも倒産する時代になっています。しかも、経済格差が広がっており、**上位20%に入らなければ「結婚できない」「子供にまともな教育を与えられない」**というのが現実です。

八百屋でさえ全世界との競争に

決しておどすわけではありませんが、現代社会はかなり厳しい時代に入っていることは確かです。**インターネットの発達により、すべてのことが瞬時に検索され、比較されます。**

次ページへ

つまり、「究極の競争社会」に入ったのです。近所の八百屋で買っていた野菜でさえ、検索されインターネットで買う人が増えているのです。八百屋でさえ、全世界との競争にさらされているのです。つまり、あなたの仕事も安く人を雇える中国に移ってしまう可能性があるのです。

「では、この時代において、あなたが上位20％に入るにはどうすればいいでしょうか？」

学校で学んだことは役に立たない！

人類史上最速で情報が増え続ける現代において、1年前にやった勉強は役に立ちません。つまり、あなたが学校でやった勉強というのは、もはや役に立たないのです。たとえば、儲かるビジネスを新しく作っても、その情報は瞬時に広まり、多くの人が同じビジネスを開始し、あっという間に儲からなくなってしまいます。

昔だったら数年は儲けることができたものが、いまは数ヶ月単位になっているのです。ということは、**「あなたは新たなことを学び続けるしかない」**のです。

「本物の情報」だけを仕入れてください！

人は、何を学べばいいのか？　これだけ情報が氾濫する時代です。「どの情報を信じればいいか」わからないのは当然でしょう。そこで、私たちフォレスト出版は考えました。読者の皆様に、**「本物の情報」だけを提供できるように、書籍だけでなく、CD教材、DVD教材、セミナー…など、あらゆる方法で、「楽しく学べる場」を提供しています**。その分野では超一流の先生たちの情報は間違いなく「本物の情報」です。教材やセミナーで、書籍ではできない学びを体験してみてください。とくに、セミナーでは「本物の人脈」が作れるようになっています！

・学びの時間が取れない
・学びへのモチベーションが高められない
・学びにお金をかけられない
……など、さまざまです。

私は、今まで多くの自己投資を行なってきました。自分の成長に、膨大な時間をかけ、大きな投資を行なってきたのです。

自己投資は、間違えば、ムダな努力をしてしまうことになります。

時間と労力とお金をムダづかいするような自己投資はやるべきではありません。

この章では、必ずリターンを得るための自己投資についてお話しします。成長を望むあなたには、必ず知っておいてもらいたいことです。

ムダな自己投資は、時間と労力とお金のムダでしかない

講演会、セミナーは〝直感で選ぶ〟が勝ち！

私は自分の目標を達成するために、適切な努力を選び、積み重ねてきました。自己投資に関しては、人の何倍もやってきたという自負があります。それゆえ、勉強に使ったお金も比例して多くなり、1億円以上をかけています。

それだけに、リターンを得られる自己投資とそうではない自己投資のしかたがあるとわかりました。

スクールや通信教育、インターネット、スカイプ、テレビ電話、マルチメディア時代の学習方法は多種多様です。

その中でも、私の経験上、もっとも有効なもののひとつだと考えているのはセミナー参加による勉強法です。

セミナーは、数人から数十人という少人数規模で開催されている場合が多く、濃密な時間を過ごすことができます。

講師との距離感も近く、一体感があるので打ち解けやすいということもあります。

人間は、他者から影響を受けるので、セミナー講師や受講生たちとの出会いは、私にとって非常に刺激的で、良い発奮材料になったのを覚えています。

私は年間を通じて100日ぐらい、各種セミナーに参加していました。どのセミナーも、非常に役立つもので、大変満足できる内容でした。

いろいろな人にどんなセミナーに行くのがいいのかを聞かれることがあります。

私はその都度、おすすめのセミナーを紹介していますが、一番いいのは、目標達成につながると感じるものを、自分の直感を頼りに決めることだと思います。

勉強のやり方は何が近道というより、自分に合ったやり方を見つけることが大切で、それを見つけるにははじめのうちは手当たり次第やってみることこそ得策なのです。

それを続けていくうちに、独自のスタイルが確立されていって、何が自分にとって必要なのかがわかってきます。

実は、手当り次第も有効！

費用対効果が大きいのは、やっぱり〝本〟

先にも述べましたが、私は歯科医として開業したときに、「国民に愛される医者になる」という目標を掲げました。

ですから、私の努力は、いい医者になるためのもので、それ以外のことには目もくれませんでした。

しかし、医者とはいえ開業医ですから、医院の経営も並行して考えなくてはなりません。経営者として、医院の業績を軌道《きどう》に乗せなければならなかったのです。

経営学に関して、私はそれまで一切学んだことがありませんでした。大学でも大学院でも、私の学部では経営学を教える授業などなかったのです。

私は歯科医として技術を磨くかたわら、経営者としての知識を得るために各種の経営に関する本を読むようになりました。

本を読むのも、最高の勉強法のひとつと言えるでしょう。

本には、先人たちの叡智《えいち》が惜しげもなく詰まっている上、他のどの勉強法より安価で済むというメリットがあります。

しかも、いつでもどこでも広げることができるため、**時間と場所を選ばずに勉強することが可能**です。

経営に関するものでなくても、本には運命の一冊と呼べるような、自分の生き方を変えるほどの力を持つものが存在します。

30代半ば頃、私は交通事故で家族が長期入院するという経験をしました。仕事に明け暮れながら、それでも週末は片道3時間かけて入院先の病院に通いました。

ある日、私は書店に入ると、無意識に自己啓発書のコーナーに立っていました。そこは、普段私が足を向けたことのない場所でした。

目の前にある一冊の本に手を伸ばすと、それはナポレオン・ヒルの『思考は現実化する』（きこ書房）でした。

瞬時に「自分が求めていたものはこれだった！」と確信しました。

本ほどハードルの低い自己投資はない

そこから世界中の成功哲学を学ぶようになっていき、それらは私の血肉となっていったのです。

これがきっかけとなり、自己実現に関する私の知識は蓄積されていきました。それが、今私が行なっている講演の内容に役立っているのです。

何を学ぶか？　誰から学ぶか？　は自分自身が教えてくれます。

懸命に学んでいるうちに、**学びの感度が磨かれる**からです。

努力を続けて行くと、一見同じように見えるものの中から、心惹《ひ》かれる本が現れるようになります。

あなたは迷わずそれを選択して読んでいけばいいのです。

9割のことを捨てていい理由

自分の過去を振り返ると、自己の成長に投資し続けてきた人生でした。

それこそ膨大な時間を投資してきたのです。

時間には限りがありますから、できるだけ有効に使うしかありません。

私は友達との時間を過ごすのをやめ、それを勉強の時間に当てました。飲みに行ったり、遊びに行ったりすることはなく、忘年会や新年会といった公式行事には顔を出しても、必ず一次会で引き上げて、ひとり勉強したものです。

結婚式をはじめとする冠婚葬祭の類にもほとんど行ったことはありません。その時間を使って、歯科医師セミナーに通っていました。

もちろん、友人に対する祝福の気持ちや、故人に対して死を悼《いた》む気持ちがなかったわけではありません。

しかし、自分にはどうしても学びの時間が必要だと考え、すべての時間を勉強に回したのです。

出張などで海外に滞在するときも、観光はせず、ホテルで音声教材を聴いていました。部屋の外に出るのはベッドメイキングのときくらいです。

移動中の飛行機の中で寝たこともありません。

サンパウロに行ったときなどは、26時間ぶっ通しで音声教材を聴いていました。

スタートラインはみなだいたい同じですが、そこから差をつけるには時間を有効利用するしかないのです。

自分が目標を立てたら、他の9割は捨ててでも、そこに一点集中してやるしかありません。

人より抜きん出るためにはそれしかないのです。

スペシャリストになるために、仕事と勉強に時間を使いたければ、何かを捨てるしかないのです。

1割のことに集中するだけで、スペシャリストになれる！

できる人は〝不確実なこと〟にも投資して回収する

自分に投資することは、「なりたい自分」になるために必要なことです。

しかし、多くの人は、自分の将来のために投資をすることをためらいます。

「生活するのに精いっぱいで、そんなことをするお金なんてないよ」

「仕事に追われてるのに、勉強なんてやる時間はありません」

私はこれまで、「なりたい自分」になるためなら、時間もお金も惜しまず注ぎ込んできた人間です。

ですが、自己投資をしていると「これからどうなるのだろう……」と不安を抱えてしまう人の気持ちがわからないわけではありません。

私も開業時には多額の借金をしましたし、それ以外にも予定外の借り入れをしたこともあります。

その上、毎週のようにセミナーに通ったり、アメリカへ渡って歯科学について学んだりしたことで時間を取られ、周囲の人間からバッシングを受けたこともありました。

「井上先生、**そんなことまでやっていったいなんの意味があるの？**」

皮肉混じりにそう聞かれたことも何度となく経験しました。

人からなんと言われようと、私には勉強が必要でしたし、それが将来自分のためになることは疑いようがなかったのですが、それでも成果が出ていないときは気持ちがグラグラ揺れることがどうしてもあったのです。

しかし、不安を乗り越えて努力できない者に、結果は出せません。

私たちは試されているのです。

不安を受け入れて、乗り切った人だけが成功するのです。

不安は成功のためのシグナル

やれない理由を自分でつくっていないか？

私は昔から、必要だと思ったことには、お金を使うことに躊躇《ちゅうちょ》しません。多額の借金を抱えていたときでも、通帳にいくらあるか無《む》頓着《とんちゃく》で、正確な額を知らなかったくらいです。

お金にこだわり、細かいことを言い出したらなかなか前に話が進みません。

「お金がかかってもスキルを向上させよう」という感覚で動いたほうが、私はできる仕事人になれ、お金も取り返せると思います。

お金の心配もあるかもしれませんが、まず自分の〝やりたい〟という純粋な気持ちで物事に臨むのが正解です。

突っ走る人に仕事の神は寛容《かんよう》なのです。

収入が少ないから勉強できないと言っている人は、きちんと考えて行動しているかどうか、もう一度考えてみてほしいのです。

アフター5に会社の同僚と毎晩飲み歩いている人は、そのお金を使えば本を買えたり、セミナーに参加できるはずです。

また、その時間にいったいどんな会話をしているか思い出してみてください。上司や会社のグチ以外に思いつくことはありますか。

会社で起きた問題について話し合っていたと言うなら、それは会社で時間内に話し合えばいいことです。

お酒を飲みに行くのをやめてみたとしても、おそらく今までと何も変わらない人間関係が続きます。

日々をグチで過ごすのと、学びの場で新しい仲間と切磋琢磨《せっさたくま》していくなら、どちらが良いか言わなくても答えは出ているはずです。

あなたを新しい環境で待っている人たちは、努力を惜しまない人たちです。

この世界を肯定的に捉え、まっすぐ前を見て歩いている人たちです。

そういう人たちの仲間に加われば、あなたの学習意欲も高まり、学習の効果も高まります。

誰かが成功すれば、「よし、次は俺が成功してやる」と奮起することができるのです。

「お金がない、時間がない」は、やれない人ではなく、**やらない人が使う言葉**なのです。

やれない人ではなく、やらない人、という点は忘れないでください。

「これをやりたい」という純粋な気持ちを優先する

できる人が最優先に手帳に書き込むこと

私のスケジュール表には、毎月いくつかセミナーの予定が書き込まれています。

歯科医になってからセミナーに頻繁に通っていたことはすでにお話ししましたが、講演の仕事などもあり忙しくなった今でも、定期的にセミナーには参加しているのです。

なぜ忙しくても参加できるのかと言えば、それは、私が勉強の優先順位をトップに設定しているからです。

「今は忙しいから、時間がつくれるときに参加しよう……」

こういう考え方をしていると、いつまで経ってもセミナーに参加することはできません。

私は**「これがやりたい！」と強く思ったことは、どんなに予定が詰まっていても最優先で実行することに決めているの**です。

最優先にしたから他をキャンセルするということではありません。

忙しいときでも、「これがどうしてもやりたい！」と思ったら、「では、どうしたらできるのか？」と考える習慣があるので、具体的な解決策が浮かんでくるのです。

普通、仕事とそうでない用事があった場合、人は必ず仕事を優先します。

ですから、セミナー参加を仕事よりも優先順位を上げることで、いつまで経ってもできない状況を打破するのです。

「では？」と考える小さなクセを持つ

自分の頭のリズムを2倍速にして学ぶ方法

「仕事が忙しくて勉強できない」という人もいることでしょう。

1日は24時間しかないという事実も、考え方ひとつで覆《くつがえ》すことができます。

音声教材を聴くときに、たとえば2時間のものを聴こうとしたら、当たり前ですが2時間かかります。

しかし、これを半分の時間で聴くことができる方法がないかと考えてみるのです。

2倍速で聴けば、時間は1時間で済むのです。

24時間音声教材を聴けば、48時間分の学びをすることができるのです。

私は、10年前に「速聴」をマスターしました。

「速聴」のトレーニングは、超高速で音声を繰り返し聴くのですが、はじめのうちはキュルキュルという音しか聴こえません。しかし、耳が慣れてくるとある日突然何を言っているのかがわかるようになるのです。

できる人は「速聴」で学んでいる

「速聴」することで時間短縮を図りました。

聴く作業なので、イヤホンをするだけで済みますし、簡単な作業をしながらでも聴くことができてとても便利です。

その手軽さゆえ、飛行機や新幹線の中、ちょっとした空き時間、果ては寝る時間まで聴いています。

セミナーで録音が可能な場合は、それも録って「速聴」します。

このように、時間ですら工夫しだいでコントロールできるのですから、学びの時間を確保することは充分可能だと言えます。

本当にやりたいことならば、人はどんな手段を使ってでもそれをやり遂げるのです。

平常心は体験を買うことで得られる

私は、40代になった頃から、機会があれば体験を買うようにしています。

それはどういうことかというと、たとえば一流ホテルに泊まったり、文化、芸術、ブランドに触れたりと、自分の知らなかった世界を体験するのです。

これもまた自分への投資なのです。

私たちは、知らず知らずのうちに自分を狭い世界に置いていがちです。

エコノミークラスの飛行機にしか乗ったことがない人は、飛行機は狭い空間で窮屈な思いをしながら移動するものだと思い込んでいますし、宿泊するホテルが大衆的なビジネスホテルなら、そこが自分にふさわしい場所だと考えるのです。

それが良い悪いという話ではなく、そういう刷り込みは、私たちが大きく飛躍するのを妨げる障壁となります。

たとえば、仕事で重鎮が集まるパーティーに出席して、そこに来ている人たちと親しく会話をしなければならなくなったら、その人たちの暮らしぶりを知らなければ緊張のあまりまともに目も合わせられないでしょう。

完全に臆《おく》してしまったり、媚《こ》びへつらったりして、いつもの自分でいられなくなる人のほうが圧倒的に多いのは想像に難くありません。

その点、世界の一流と呼ばれる人や、文化、芸術に触れてきた人は、そういう機会があっても、自然にその場に溶け込むことができます。

体験を買うことによって得たもの、それは平常心です。

相手がどれだけ大物であったとしても、対等な関係が築けなければ、自分の夢や目標を達成することはできません。

実際、私の医院には、国内や海外で社会的地位の高い方が治療に訪れることがあります。

相手の地位や財力、知名度に惑わされてはしっかりした治療はできません。どんな人が来ようとも、いつもと同じ私でいなければならないのです。

自分を〝ひと回り大きく〟してから戦う！

だからこそ、あらゆる体験をして、コンプレックスを取り除いておくことが必要なのです。

毎回大きな出費をする必要はありません。**1年に一度でもいい**のです。

一流の人たちの立ち居振る舞い、彼らの文化、芸術、そういったものを吸収するのです。

ファーストクラスのサービスのきめ細やかさ、一流ホテルが一流である所以《ゆえん》、そういったものを感じとることができれば、あなたの感覚はより研ぎ澄まされていきます。

すると、何事にも臆せず、平常心で仕事に向かうことができるようになります。

体験こそが、人を形づくるのです。

本物を見極める力をつける

「なりたい自分」を強烈にイメージすると、自分がやるべきことがわかってきます。それが完璧にできている人には、将来の自分の姿がビジュアルとしてハッキリ浮かんでいることでしょう。

賢明な方はすでに気づいていると思いますが、「なりたい自分」を強烈にイメージするということは、「なりたい自分」になりきって生活するということです。

言葉づかい、仕事に対する態度、立ち居振る舞いすべてが自分のイメージとどんどん重なっていき、将来その通りの人物に自動的になっていくのです。

そのとき、自分はどんな服装をしているでしょうか？

自己実現に成功したあなたは、きっと本物と呼ばれるものを身につけているはずなのです。

私自身、身に着けるモノやバッグなどは本物と呼ばれるものを選ぶようにしました。

本物を買い、身に着けるのは、「なりたい自分」に近づいていくための通過儀礼のようなものです。

歌舞伎俳優は自ら化粧をします。衣装を身に着け、隈取《くまど》りなどを書き込んでいく過程で、徐々に俳優から役そのものになっていくのだそうです。

鏡前で、自分の姿がお芝居の中の登場人物に変化していくのを見て、気持ちもその人物になりきっていくのでしょう。

本物の価値を理解するのは、とても重要です。

一流と呼ばれる人は、みな本物の価値を理解しています。

将来、そんな人たちと肩を並べ、共に仕事をしているあなたが、本物を理解できていないというのはあり得ないことです。

店員にすすめられるまま買い物をしたり、ランキング1位だからと人気商品を買ったりしているだけでは、本物を見抜く力は養えません。

本物を見分ける力を養っておかなければなりません。

本物を理解する能力がつけば、**あなたの行動、思考、価値観、品格など、すべてが変わります。**

それは、将来出会うであろう一流の人たちにも伝わり、その人たちが進んであなたの周りに集まるようになるのです。

本物を見分ける力は、人を見るときにも必要です。

たとえば、何か商品を購入する際、どんなにベテランの営業マンが来ても、品格がないと判断すればその人からは絶対に買ってはいけません。

逆に、どんなに若手営業マンでも、自分と波長が合えば購入を検討するべきでしょう。

私はこれまでの経験から、その人が本物かどうか、即座に判断しています。

たとえば、本物の営業マンは、安易に購入をすすめてきたりはしません。品質や価格などトータルで考えた上で、絶対にこちらが損をしないものをすすめてくれます。

ですから、私は今まで価値のないものを購入したことは一度もないのです。
人もモノも本物を見抜く力が必要です。
それには、今から本物に接し、本物を知っておくことが必要なのです。

人もモノも本物と触れれば、学びがムダになることはない

第5章

力を注ぐべき仕事、力を抜いていい仕事

一流だけが知っている「仕事のルール」入門

今あるものを食いつぶす仕事をしない

欲しいものをどうすれば手に入れることができるのか？

こう考えるのが、仕事で結果を出す人の発想です。

何かを成し遂げようとするときに、それを達成できないのは、やっている努力の絶対量が少ないだけです。

コップの中に水を注げば、注いだ分だけ絶対にたまります。その水は、ある瞬間にあふれ出るのです。あふれ出したときに、結果は出るのです。

そして、努力を重ねることで、水をあふれさせ続け、結果を出し続ける人が一流のビジネスパーソンと呼ばれるようになります。

コップの中にチョロチョロ水を注いで、のどが渇いたからといってその分を飲んでしまえば、水が増えないのは当然です。努力をサボり、現状維持をしていれば、今あるものを食いつぶしながら仕事に向かうことになります。飲む以上に入れ続けてやれば、いつか必ずあふれ出てくるのです。

チャンスにしても同じことで、努力していれば、その分だけめぐってきます。

どれだけやれば結果が出るのか、チャンスがめぐってくるのかは誰にもわかりませんし、未来に対する確約はありません。

しかし、だからこそ圧倒的に努力する人が勝つのです。

イチローだって、スイングをした分だけ結果を出しています。野球に人生を費やしたことで、彼はあれだけの結果を残したのです。

努力はしたくない、遊びたい、けれど結果が欲しいというのは無理なのです。

その時々の自分の小さな喜びを満たして、自分の将来に対する大きな可能性を放棄するか。それとも、努力を続けることで結果を出して、それをやった人にしか味わえない楽しみや自由を手に入れるか、そのどちらかしかありません。

私は、これまで自分の選択した人生を生きてきて、欲しい結果を得てきました。

けれど、そうではない人生、つまり、その時々の自分の小さな喜びを満たしてきた人たちを見ると、「ああいう人生もあったのだなあ」と思う瞬間があります。友人と毎週魚釣りに行ったり、豪華ではないけれども、家族と一緒に定期的に旅行に出かけたり。

そういった、明らかに自分とは対極的な人生があります。

それは私には得られなかった人生です。

でも、そんなことは考えてもしかたのないことです。

私はこちら側を選択したのです。

今では、人生である程度結果が出たあとに、取り戻せばいいと考えています。そのときは、努力してきた分、**はるかに豊かで、優雅に、余裕を持ってそれらを味わい尽くすことができる**のは間違いありません。

どんな結果にも、必ずそれを引き起こした原因があります。

逆に言えば、種をまかなければ、芽は出ないのです。将来大きな喜びを手に入れたいのなら、今のうちに種をまく努力をするしかないのです。

あちら側の人生は〝後回し〟にしていい

人生の大半は〝仕事に占められる事実〟を受け入れる

仕事をしていても、どうも身が入らない、楽しくないという人は、その先に得たいものをイメージできていないからです。

仕事人生を刹那《せつな》的に生きようが、快楽を最優先しようが、それはその人の自由です。

しかし、そういう人たちは自由で、本音で生きているように見えますが、果たして本当にそうなのでしょうか。

人生という限られた時間の中では、仕事がその大半の時間を占めています。

仕事をやることに喜びを見いだせないということは、人生の大半の時間を不満で退屈に感じながら過ごしていることになります。

会社に依存し、やりたくないことを我慢してやることになるのです。

それが、本当に自由な生き方と言えるでしょうか？

会社を辞められるなら辞めてしまいたい、一生困らないだけのお金を得て、それを自由に使えるようになりたいというのが本音ではないでしょうか。

やりたくないことをやらないためには、男性も女性も経済的に自立するしかありません。

自立するにはやはり仕事で結果を出すしかないのです。

仕事でしか自立はできないし、自立できない人は依存して我慢するしかない。

素直な自分になって、わがままな自分になって、何をしたいのかを自分に問うてみてください。

自立した人なら可能ですが、自分に何もない人が本音で生きていくことはできません。

自分の現状を我慢した上での価値観を言い訳にして、自分の環境をつくっている人が多すぎます。

もっと素直になるべきです。

周りを見渡してみれば、本当の意味で自由に生きているのは、自立している人だけです。

成功するには実力をつけるしかありません。**実力をつけるために何をするのかと言えば、やりたい仕事で苦痛のない努力をするしかないのです。**

だから私は、仕事のために自己投資に力を注ぎました。

必死で学んだことを患者さんのために使い、仕事の質を高め、結果を出していったのです。

結果を出すことでしか、満足した仕事人生を生きることはできません。

私は、投資した分「絶対に成功しなければならない」、というエネルギーに変換して結果を出し続けたのです。

自分を誤魔化して生きるのは不幸です。

自分を大切にしたいなら、本音で生きてみることです。

ほんの少しガマンをやめ、やりたい仕事をやってみる！

感覚の世界で仕事をしよう

多くの人はスキルの向上のために努力をしても、仕事で結果を出すところまで持っていけません。

多くの人が、将来、欲しい結果を手にするために今の仕事をやっているかというと、そういう人はあまりいないのが現実です。

将来のために今を大切にする、という意識が抜け落ちてしまっているのです。

追い詰められていないから、仕事で結果を出すことができないのでしょう。

私は仕事は０か１００しかないと考えています。結果を出す、出さないしかない。

成功しか意味がないと考えるような人間は、ここじゃダメだ、これじゃダメだと、**繰り返し繰り返し繰り返しやっていきますから、結果的にプロセス一つひとつの中身が濃く、緻密になる**のです。

それを下から積み上げていって、磐石《ばんじゃく》な足元をつくり上げていくから結果につながっていくのです。

目指すものがなければ、何も積み上げることはできませんし、目指すところが低ければ、地盤が緩くて砂上の楼閣のようになってしまいます。

もしチャンスが巡ってきて、誰かが引っ張ってくれそうになっても、「そんな緩い地盤じゃ使いものにならないよ」と敬遠されてしまうのは目に見えているのです。

盤石な土台は、反復トレーニングによって培われます。

繰り返し繰り返し同じことをやることで、仕事の精度が上がっていくのです。

地道な努力ではありますが、これができていれば、いざというときに大きな力を発揮することができます。

そこまでやっていないと、完璧な情報知識の収集や技術として修得がなされていないから、どこかで行き詰まるのです。

盤石な土台を積み上げて、何かを成し遂げた人の感性は鋭く磨かれていきます。

努力を続けていった先には「感覚の世界」が広がっています。

そこは、鋭い感覚になってはじめて見えてくる世界なのです。

「感覚の世界」に行けた人は、何事からも良いものを身につけられるレベルになっています。今まで培ってきた意識の総和が、瞬時にそれを捉えに行くような感覚です。

地道な努力の積み重ねは、決してムダにはなりません。

あなたが盤石な土台を築き上げたとき、仕事では、次の世界への扉が開くのです。

感性が研ぎ澄まされる瞬間を起こそう

大物を食うのは小物に与えられた特権

仕事でチャンスをつかむには、自分が一番になり得る仕事をつくることです。

たとえば、プレゼンをやるのだったら、自分が一番良い資料を作成し、一番いいアイデアを提案することを意識します。

私の場合で言えば、講演会を行なうのなら、その講演で一番いい歯科医として評価される講演を考えるということです。

そこにチャンスがあるし、チャンスは一番の人にしか回ってきません。

その場に大物がいれば、その人に勝つことを考えます。

小物を食ってもお腹いっぱいにはなりませんが、大物ならひとりでお腹いっぱいになります。

可能性は誰にでも平等です。

大物は、勝つとか負けるなんてことは考えていません。大物は大物としての役割をキチンと果たせばいいと思っていますから、小物のことなどライバル視したりはしないのです。

だからこそ、勝てるチャンスがあります。小物は大物を見たら、当然食いにいかなくてはいけません。それは小物の特権であり楽しみなのです。

私は、大物がいたら、その方よりも完璧に準備して物事に向かいます。

それには大物を徹底的に調べることが大事です。

大物が話す内容、服装、その人を取り巻く状況、その人の気持ちも含めて徹底的に調べ抜いて、自分と対比してイメージするのです。

そして、自分が勝っていると思えるものを武器にしてステージに立ちます。

とにかく**何かひとつでも勝てるように準備**します。

背伸びしなければ成長なんてできっこないのです。

大物を食えたら、さらなる大物を求め、高いステージを求めます。

仕事に取りかかるときには、結果を出すことをまず最初に考えることです。結果の出せないプロセスを踏んではいけません。

たとえば、売り上げが月に2000万円の人がいたとしたら、こちらは3000万円出せば勝つわけです。ですから、3000万円出すプロセスを探るのです。

結果を出すということは、プロセスで負けないということです。プロセスを省いて結果は出せません。プロセスに落とし込んだら、あとは絶対に手を抜かないことです。

妥協しなければ、自分が人生の逆境にあっても、後退することがありません。

妥協していると、壁にぶつかったときに「どうせ私なんか……」という思いがわき上がってしまいます。

妥協していなければ、「ここまでやったのだから大丈夫だ！」という自信が持てます。それが壁を乗り越える力になるのです。

そこにいる一番を抜くにはどうすればいいか？ それを考えることで、仕事人としてのステージが一段上がるのです。

ひとつ勝てば、あとはなんとかなる！

無意識レベルで〝正しい選択〟をする方法

仕事の目標を達成することができない人に共通しているのは、「人間力」の低さです。「人間力」とは礼儀礼節や気配り、義理人情があるということです。

とても基本的なことで古いと思われるかもしれませんが、実はこれができないがゆえに、成功への障壁ができたり、チャンスを逃してしまう人がたくさんいるのです。

逆に言えば、少々できが悪い人や、どう見ても突出したところのない平凡な人たちが、チャンスをつかんで一気に成長したりする場合があるのは、優れた「人間力」を持っているからです。

どんなに優れた才能や能力を持っていても、どんなに努力を積み重ねても、「人間力」が低い人はこうした人たちに負けてしまいます。

ひとつは、周りの人間が「人間力」の低い人を見ると、いらだちを覚えて遠ざけようとするからです。

自分の部下が、言われたことをすぐにやらなかったり、嘘をつく人間であれば、「こいつを引き上げてやろう」と思う上司はいないでしょう。

逆に、できが少々悪くても、素直で一生懸命努力する部下であれば、応援する気持ちになるものです。

人間力が低いということは、自分の中にも問題を抱えていると言わざるを得ません。それには「潜在意識」の形成が関わっています。「潜在意識」には「良い潜在意識」と「悪い潜在意識」が存在します。

「悪い潜在意識」を多く持つ人は、苦手な人がいたり、ネガティブな感情に支配されてしまっている場合が多く、対人関係においても負の感情が出てしまって、うまくコミュニケーションが取れないのです。

ですから、**「人間力」を高めるためには、この「悪い潜在意識」を取り去って、「潜在意識」をきれいにする必要があります。**

何か嫌な目に遭っても、人を恨んだり、嫌ったりするのをやめ、「自分に試練を与えてくれる存在なんだ。ありがとうございます」と思うことで、「悪い潜在意識」がインプットされることはなくなります。

対人関係で腹の立つことはいろいろあると思いますが、そこで相手を恨むこと、嫌うことで、自分が成功から遠ざかってしまうと知れば、気持ちを切り替えることもできるはずです。

居酒屋などで上司のことを「あの野郎、ロクな指示も出せないくせに威張りやがって」などと、汚い言葉を使っている人もいるようですが、それも「悪い潜在意識」にインプットされるのでやめるべきです。

怒りに支配されている人は、体が硬直して自由な発想や行動ができません。

「潜在意識」をきれいに保つことで、柔軟で自由な自分を取り戻してやれば、仕事の目標達成の障壁を取り去ることができるのです。

時には〝二重人格〟になって心のブレーキを外す

一般的に、二面性のある人間は良くないと言われますが、仕事に関しては話は別です。

人に対しては常に優しく笑顔で、というのはわかります。柔和で優しくというのは、生きていく上で大切なことではあります。

けれども、仕事において、何かで勝負するときはより激しく、より強い気持ちで向かうべきなのです。

二面性を持たなくてはやっていけないのです。

私は、人は必ず二面性を持っていると思います。持っていないとしたら、その人はギャップがないということなので、魅力のない人だということになります。

陰陽の法則しかり、プラスマイナスの法則しかり、両方を最大限に使うことが人間としての魅力を生み出すのです。

あなたが「なりたい自分」になるには、今いる位置からもう一歩前に踏み出す勇気が必要です。

ところが多くの人たちは自分で自分に制限をかけてしまっているため、勇気を出すのを躊躇しています。

その原因は、自分のやるべきことに対して「心のリミッター（制限）」がかかっているからです。

激しい部分を抑え込み、常識的に生きていこうとするので、自分のエネルギーを使うべき場所で発揮することができず、なかなか結果が出せないのです。

「こんな高い商品を売ることなんて、自分にはできないよ……」
「新しいプロジェクトのアイデアを出すなんて10年早いんじゃないか？」
「部長に反対意見なんか言えるはずがない」

心でそう思い込んでしまっていては、当然結果は出せません。

「心のリミッター」を外すには、自分自身に制限をかけているものは何かを洗い出すことです。

「お客さんに露骨に拒否された経験がある」

「前例がない」

「部長に苦手意識がある」

どれもこれもたいした理由などないことがわかります。**意味付けを変えることです。**

「あのお客さんにはたまたまニーズがなかっただけ」

「前例は関係ない」

「部長は自分を鍛えてくれる存在」

障壁がなくなれば、「心のリミッター」は簡単に外れ、あとは自分の感情を全開にして走り出すだけです。

もちろん一歩踏み出せば、厳しいダメ出しをされたり、理不尽な目に遭ったり、予想外の他者の反応に戸惑ったりするでしょう。

常識だけではうまくいかないのが仕事

しかし、「心のリミッター」が外れ、感情を表に出せるようになったあなたは、それさえも前向きに受け止め、「良い気づきをもらった」と思えるようになっているはずです。

それらの試練は、あなたをさらに成長させてくれることでしょう。

「自分は必ずできる」と信じていれば、どんなことも自分のエネルギーに変換することができます。

それがたとえ賞賛でなく批判であったとしても、あなたは笑顔で立ち向かっていくことが可能なのです。

いい条件で自由に仕事をするには？

私は何事においても一番になることを目指して取り組んでいます。

なぜなら、負けグセがついてしまえば、なかなか結果を出せなくなってしまうと考えているからです。

また、一番を目指すことは、自分のモチベーションを上げることにもつながります。

仕事において結果を出そうと思ったら、なんとなく努力していたのではいつまで経ってものになりません。

そんなスタンスであれば、いざチャンスが訪れたときに取り逃がしてしまうのは目に見えているのです。

チャンスは、階段を一段一段上がっていた自分を一気に高層階まで運んでくれますが、なかなか巡ってくるものではありません。

たとえば、お笑い芸人日本一を決めるTV番組に出て、一位を目指して芸人さんたちがしのぎを削っているのはなぜでしょうか？

賞金1000万円を獲得するためだけではなく、一位という称号によって、あらゆるメディアが自分たちに注目し、そこから一気にブレイクしていけるということを知っているからです。

その**大切な機会を逃すくらいなら、中途半端な努力なんてやっても意味はありません。**

会社に入って最初から一番を目指さないという人がいますが、では、いったい何を目標にするのでしょうか。

「俺はそこそこでいい」

こんな人が何かを達成できるとは思えませんし、そんな中途半端なポジションを目指す努力のほうが難しいと私は考えます。

一番になった経験を持つ人ならわかると思いますが、一番になったときに見えてくる景色というものがあります。

誇らしいし、気持ちがいいし、周りの人間に対しての影響力も発生します。いい待遇が受けられ、いろいろなことへの自由度が高まるのです。

仕事で言えば、一番になることで、**より良い条件の中で働くことができるようになります。**

下っ端は常に不利な条件で成果を出せと言われますが、一番を取ってしまえば、良いチームに組み入れられたり、会社一押しの良い商品を任されたり、何かと働きやすくなります。

メジャーリーグの世界では、マイナーの選手は移動がバスで8時間とか、宿泊地はモーテルしか与えられないのに対して、メジャーの選手たちは飛行機、しかもビジネスクラスで移動します。宿泊地は一流ホテルです。

これだけ差がある中でマイナーの選手たちが実力を発揮するのは、相当不利だと言えるでしょう。

一番を取ることでマイナス面があるとしたら、人の妬みぐらいのものです。それは無視してかまいません。

そういう人たちはどの世界にも必ずいますし、自分は努力していないのに人のやっていることに文句をつけているだけです。

一番にこだわらない人というのは、勝った人にしかいい条件が回ってこないということがよくわかっていないのです。

人生を好転させるには、一度どこかで一番を取るべきです。

なぜ、私が多くの本を出版できるのかと言えば、最初に書いた本がベストセラーになったからです。出版社のその月の売り上げの一番を獲得したからです。

ですから、最初から一番を目指すことが大事ですし、そこで成果を出せば、第二、第三のチャンスが巡ってくるのです。


目指すだけなら自由です。また、誰かに宣言する必要もありません。

「一番を取る」と気楽に心の中で思いながら仕事に向かってください。誰かに宣言する必要はありません。自分さえ知っていればいいのです。

心の中でひそかに牙を研《と》ごう

前提条件を変えれば結果は出やすい

私は、以前はブログで、現在はフェイスブックで、情報発信を続けています。

内容は、価値ある人生を送るための私からのメッセージです。

毎回、自分の持っている知識を、わかりやすく伝えられるように工夫をこらしながら情報発信を行なっています。

これを10年ほど、ほぼ毎日続けています。父が亡くなった日も、母が亡くなった日も、情報を発信しました。

どんなに悲しいことがあろうが、つらいことがあろうが、やめる気にはなりません。

なぜなら、私の情報を待っていていてくれる人がいるからです。

私が、情報発信を行なう理由はいくつかあります。

まずは、私の書いた本を読んだり、セミナーに参加してくれた人へ、より私のノウハウを深く理解してもらうためです。また、私のことを知らない人へ、自分はどんな人間なのか、ということを知ってもらうためでもあります。

次に、何かひとつでも習慣化し、継続しているものがあれば、それは自信につながるからです。

「自分はやればできる」「10年努力を続けることができたんだから、どんなことでもできる」こういう自信が生まれるからです。自信は、どんな困難な状況でも自分を支える武器となります。

3つ目に、**継続することで多くの人の信頼を得ることができる**からです。信頼されるということは、大きな影響力を持つということにつながります。すると、私への前提条件が変わり、私が何かをするときに賛同してくれたり、集まってくれる可能性が高まるのです。

仕事において、努力を続けることにはこのようなメリットがあるのです。

あなたは、何か続けていることがありますか？

小さなことでいいから毎日続けてみる

“やらなくていいこと”はやらない

なんでもかんでも自分でやらないと気が済まないという人がいます。

すべてにおいて完璧な人間ならばそれもいいでしょうが、人間というのは何かしら不得意なことがあるものです。

企画立案は得意だが、事務処理能力がないとか、人間関係を円滑にするのは得意だが、緻密な作業は苦手だとか……。

不得意なことをするときには、当然時間がかかりますから、仕事であれば効率が悪くなります。会社にとっても本当の意味では、いいことではありません。ムダな努力なのです。

それならば、**その分野が得意な他の誰かに任せてしまったほうが、スピードは上がりますし、クオリティも高くなる**はずです。

意地を張って、全部自分で抱え込む必要はないのです。

世の中というのは、お互いに不得意な部分を補い合って成立しているところがありますから、さっさと誰かに渡してしまえばいいのです。

そこで意地になって努力を続けても、時間も労力もムダになります。

やりたくもないのに無理やり努力しても、絶対にものにはなりません。

人は、やりたくないことをやるのではなくて、やりたいことをやっているほうが成長するのです。

何が得意で何が不得意かを早めに把握していれば、何に集中して努力すればいいかがわかります。

そういうことが明確にわかっていなくて、何もかも中途半端にやってしまうのが一番何も身につかないですし、周りに迷惑をかけるのです。

得意なことは積極的にやりたいと思えますし、それ以外は突出して力は身につきにくいのです。**まんべんなくやろうというのはダメ**です。

自分がやりたいと強く思うことに力を注ぐ。

これが成功への近道になります。

私は今、あるプロジェクトを成功させることに心血を注いでいます。

やはり自分が関わっている以上、絶対に成功させたいと思うと同時に、一緒にやりながら私も勉強することによって、自分の病院にすごく役立つと同時に、これからの歯科医療の新しい世界が見えてきました。

そうなると、私の思考は、24時間そのことばかりを考えるようになります。

そして、それに関わっている人とのやり取りしかしなくなり、メールを打つと、いつ返信があるかと、1日中ワクワクして待っている感じです。

そのぐらい気持ちが乗っていますし、どんどん周りを追い越して、先へ先へと進んでしまうわけです。このように、**自分が得意な分野で仕事をしていれば、集中力は高まり、スピードアップして効率良く進めていくことができます。**

不得意なことに時間を割いているくらいなら、得意なことを掘り下げていったほうが何倍も早いし、成功の確率も上がるのです。

苦手なことを人に任せることは無責任なことではない

第6章

“自分を消耗させない”人間関係をラクにする技術

「人づき合いに疲れた……」
「チームワークがうまくいかない……」
がなくなる具体策

思い切ってつき合う人を減らしていい

私が男女問わずつき合いたいと思う人は、「共に成長できる人」です。年上でも年下でも年齢は関係ありません。地位や、一般的な評価も関係ありません。共に成長できると思える人だけが、私にとって大切な人なのです。

「共に成長できる人」とは、**自分にないものを持っている人**です。

たとえば、「ここまでするのか！」と思えるくらい自分に厳しく生きている人、「こんなに熱く物事に取り組んでいるのか！」「行動力がすごいな！」と思える人、「今はまだ成し遂げていないけれど、人生を変えようと一生懸命だな」と感じ取れる人の4タイプです。そういう人といると、お互いに感化し合うことができ、成長につながるのです。

ネガティブな人とつき合えば、当然逆の結果がもたらされます。

私はネガティブな人とは基本的につき合いませんし、そういう人は寄ってきません。

逆にそういう人に囲まれている人は、その人自身、ネガティブな要素を持っていると思ったほうがいいでしょう。

明るい人には明るい人が集まり、暗い人には暗い人が集まる。これは同じものを持っている者同士が引き寄せ合うからです。

自分が良い影響をもらいたければ、相手に良い影響を与える人間でなければなりません。

私が人づき合いをするときには、まず相手を受け入れることから始めます。

自分の価値観を相手に押しつけるのではなく、相手の価値観や考え方を先に理解するよう心がけるのです。

その人のためを思って言った言葉でも、相手に受け入れる体制がなければ伝わりません。それどころか、最悪の場合、関係が壊れてしまいます。

若い頃はそれに気づかず、自分の考えを押しつけて失敗してしまうことがありました。

私は大切な人としかつき合いませんから、自分の意見を相手が受け入れてくれないことに大きなショックを受けたものです。

「良かれと思って言ったのに、なぜ伝わらないのだろう?」

どうやったら相手が不快にならず、自分の思っていることを伝えられるのだろう?

と、真剣に考えました。

そうして出た結論が、まず相手を受け入れて、信頼と感謝をしてもらえる存在に自分がなることが必要だということです。

それができてはじめて、自分の考えを相手に伝えるチャンスをもらえるのです。

人間関係は、鏡のようなものです。

自分を主張すれば相手も主張してくる。

じっと動かなければ相手も動かない。

でも、**こちらが心を開けば、相手も心を開いてくれる**のです。

徹底的に受け入れる人を厳選しておく

悩まない人は「人」ではなく「結果」にフォーカスしている

職場の人間関係で悩んでいる人は多いことでしょう。

人間関係で悩むというのは、「人」を意識して仕事をしているのであって、結果を意識して仕事をしていないということになります。

自分が何かを成し遂げるために集中して仕事をしているのであれば、周りの雑音などそれほど気になるものではありません。

ちょっとした人間関係が気になって、それに振り回されているうちに、その負のエネルギーにどんどん引き寄せられて、本質的なものを見失ってしまうのです。

本来、自分がやるべきことを一貫してやっていれば、あなたにネガティブな影響を与える人は自然にあなたから遠ざかっていきます。

しかし、多くの人が、結果を意識することができていないので、マイナスのエネルギーを持つ人に振り回され、悩んでいるのです。

私は、自分に悪影響を及ぼす人とは無理につき合わなくてもいいと思っています。

私は、相手がたとえ一流企業の経営者や著名人であっても、自分の考えを感じた通りに話します。

要は、好きなことを言っているわけですが、それで嫌われたことはありません。

本心から出た言葉というのは、相手に不快感を与えないものです。そこに嘘はなく、核心をついているから、相手の心に届くのです。

もし、それでも私を嫌う人がいるならば、その人とつき合うのをやめるでしょう。

人間関係を失う恐れがあるから人は悩むのですが、失ってかまわないと開き直ってしまえば、その人で悩むことなど全くないわけです。

もちろん、礼儀礼節は最低限守った上での話です。

ですから、私の人間関係はとてもスムーズで、ストレスはありません。

“人が不快にならない本音”が言える人は疲れない

執着をやめれば人間関係はラクになる

誤解を恐れずに言えば、基本的に自分にとってどうしてもなくてはいけない他人はいません。

人生すべてに影響を与えるわけでもないのに、ある人との関係で悩んでいる暇があったら、断ち切ればいいだけの話です。

すべての人間関係を円滑にしようとするから、悩みが膨れ上がってしまうのです。

職場にいて、特定の人に嫌われようが好かれようが、結果に影響を与えないのであれば、気にしなければいいわけです。

それで弊害が出るようなら、上司に報告して仕組みを改善してもらえばいいのです。

それをしっかりと訴えた上で、組織が改善されなければ転職を考えるべきです。

我慢しているから人間関係がつらくなるのです。

人間関係は良好でなければならないと思われがちですが、**案外良好でなくても困らない**のです。

もちろん自分に非がある場合もありますから、そのときはしっかり検証して、改善する必要はあります。

でも、相手に原因があって、それが改善できないのなら、割り切って断つのが一番です。

ましてや個人的な人間関係だったら、なおさら困ることなどありません。

その人間関係を断ち切って、新しい世界に踏み出していけばいいのです。

いなくては困ると思っているのは、相手に対してあなたが執着しているだけであって、それを取り除けば何も困ることなどありません。

足りなければ、どこかでまた新しい人間関係が生まれるものです。そうやって補って生きていくのが人間なのです。

自分が成長していけば、成長意欲がない人との関係は遠ざかります。人間関係というものは、成長とともに変わっていくものと考えてください。

人間関係の断捨離をしよう

成長の過程において、自分にとって有益ではない人たちは必ず出てきます。**本当に必要な人と、そうではない人を整理することが大切**です。

人間関係の断捨離《だんしゃり》をするのです。

良くない関係が残っていると、自分の成長を止めてしまいます。

今から努力を重ねていくあなたが、成長しない人たちに邪魔されることなど、あってはならないのです。

積極的に「つながらない努力」をしよう

人との出会いが、人生を変えるのは間違いありません。

良い人との出会いがあればあるほど、その人から良い価値観を与えられて自分も成長でき、人生を豊かにすることが可能になるのです。

また、チャンスを与えられるのも、いい出会いからのことが多いのです。

自分が本当に必要とする人とつながっていくことが大事です。

逆に一番ダメなのは、とりあえずたくさん人脈をつくろうとして、誰彼かまわず名刺を配ったりすることです。自分と同じ業種の人と、むやみにつながろうとするのもあまり意味がありません。

あなたに必要となる人は、何か光るものを持っているということですから、**人としての価値や魅力があるというのがポイント**になります。

事業に成功しているけれど、人として考えたときに、何か違和感を感じるのなら、その人はつながるべきではない人と言えます。

事業の成功と、人としての価値や魅力、その両方が必要ということです。

私は**意識的に人脈づくりをしたことはありません。**

名刺を配り歩いたこともなければ、誰かに無理を言って人を紹介してもらったという経験もありません。

にもかかわらず、出版に興味を持てば出版社の方と出会いがあり、講演をやりたいと望めば、それを実現させてくれる人脈を得ることができています。

それはなぜなのかと言えば、私が常日頃から自己研鑽《けんさん》を怠らずに努力を続けているからなのです。

こちらが良い人との出会いを望んでいるように、相手もまた良い人との出会いを望んでいるのです。

あなたが相手にとって必要ではない人間であれば、同じ空間にいても決してその人はあなたに気づくことはないでしょう。

あなたが自己研鑽を怠らず、「光る人」になっていれば、良い魂を持つ人は必ずあなたに気づいて笑顔で握手を求めてくるはずです。

人脈とは意図的に人とつながっていくことではありません。

自分を磨き続けている人に、自然発生的に生まれるものなのです。

むやみやたらに名刺を配るより、自然発生を待つ

〝できる人はできる人〟で集まる理由

私は仕事に関しても人生に関しても、目標を持って生きていない人に魅力を感じません。ですから、そういう人とは基本的につき合いません。

成長意欲がなく、成長につながる行動や生き方ができない人も同様です。

明確な方向性を持ち、評価できる結果を出そうとして生きていない人は、魅力がありません。

自分の視野を広げる努力をしている人を見たときに、「あの人はいい生き方をしているな」「価値のある人だな」「視野が広いのはああいうところからくるんだな」と人は感じるのです。

そういう努力をしている人は、どんなときでも学びを得られるし、それを自分に取り込んで、やるべきことに活かしていき、結果を出すのです。

価値ある生き方をしている人は、環境や、人との出会いから影響を受けている場合が多いものです。

私の話をすれば、勉強に対しての姿勢は、先輩や先生などに磨かれていったことが大きく関わっています。

歯科医になってからも、人との出会いがきっかけになり、国際的な舞台に勉強に行く機会をつくってもらったり、ペンシルベニア大学や、ニューヨーク大学などで発表する機会をつくってもらったり、特別に入学させてもらう機会を得たりすることができました。

そこでまた自分の視野が広がっていき、自分の方向づけをして、いろいろな価値観を身につけていくことができたのです。

出版に関してもそうです。

さまざまな出版社や編集者と出会い、企画内容によって自分が何を期待されているのかを知り、自分の価値がどんどん形づくられていくという経験をしました。

出版社、編集者との出会いが、自分の人生を大きく変えていくきっかけになったわけです。

もともと旅行には興味がなかったのですが、そういうことに非常に精通している人たちが、その素晴らしさを教えてくれ、自分も世界中に行っていろいろなものを見たいと思うようになりました。

ファッションだってそうです。

一流を知っている人は、これが本物だというものを教えてくれますから、そこでまた視野が広がるのです。

美容院でも学ぶことがあります。

「ここで髪を切ったらどう？」と紹介されて行った先で、一流のスタイリストさんにスタイリングしてもらいながら会話を交わすことで、自分の価値観がどんどん広がるのを感じます。

素晴らしい人は素晴らしい人を紹介してくれますから、自分の周りがどんどん素敵な人で満たされていくのです。

できる人たちはできる人たちで集まっている理由は、こういうことが関係しているのです。

あなたの周りにいる人たちをもう一度よく見回してください。

その人たちはどんな人ですか？　つき合う必要のある人たちですか？

批判は成長についてくるオマケ

本の出版をやっていると、ネットなどで自分の書籍に対するコメントを見ることがあります。

中には辛辣《しんらつ》な言葉で批判している人もいるので、思わず読み込んでしまうこともあるのですが、そういった批判、批評の類は全く気にしません。

特に、悪意を感じる感想や批評に対しては、作為的なモノを感じますので、気にしてもどうにもならないと思っています。

人の権利や自由を奪うことはできませんし、人が私に何かしらの敵対心を持ったとしても、それは相手が勝手に持つものだからどうしようもありません。

私を批判する人に、**「なんでそんなことをするんですか？」と聞いたところでしかたがない**ことです。

人の批判を気にするぐらいなら、本を書かないほうがいいのです。

たとえば、100万件の批判めいた書き込みをされるのと、100万人に無視されることだったら、前者のほうがそれだけ注目されているということですから、価値もあるのです。

自分に問題があったら困りものですが、たとえ100万人が批判しても、200万人の人が「そこまで酷《ひど》い人じゃないでしょ」と思ってくれているならなんの問題もないのです。


どんなことを選択しても、それを批判する人は必ず出てきます。


批判は、やりたいことをやるとセットで付いてくるオマケのようなものです。

そこでいちいち人の意見を気にしていたら、何もできなくなってしまいます。

人の意見に惑わされて自分が後悔する生き方をしてしまったら、本末転倒ですし、本質的な価値を見失ってしまうことにもなりかねません。

多くの人は、周りを気にするがゆえに、自分が本当にしたいことができません。

自分が相手に何か伝えたいことがあっても言えないし、価値を共有したいと思う人が現れても、本音を言わないから心を通わせることができずに終わるのです。

周りを気にすることで、大切なものを全部失っているわけです。

大切なものを手に入れるためには、割り切って周りを気にしないのが一番です。

物事をひとつずつ、自分に後悔しないかどうかを問いながら生きていったほうが絶対にいいはずです。

自分が自信を持ってやったことなら、批判を気にするのはやめましょう。

たった一度の人生ですから、周りを気にしすぎてやりたいことを我慢して後悔するべきではありません。

それこそが、自分の後悔しない人生ならば、やってみる価値は充分にあるのです。

自分を押し殺して言いたいことも言わずに我慢をしてしまう人が多すぎます。

今の時代、我慢する人生に美徳はあまりありません。

もし明日までの命と宣告されたら、「やり残したことのない人生だった」と笑って言えますか？

どんなことでも無視されるよりはマシ

八方美人ほど〝役に立たない戦略〟はない！

八方美人というのは、誰にでも人当たりのいいおおらかな人物という反面、自分の評価を極端に気にしている自意識過剰な人とも言えます。

八方美人に愛想よくされると、何か裏を感じてどうも落ち着かない気持ちになるのは、そういう面があるからです。

八方美人は、誰にでもトーンを合わせますから、自分の意見、主張がありませんし、ただそこに存在しているだけなのです。

得るものと言えば、人から極端に嫌われないというくらいで、ものすごく愛されるということもありません。

笑顔の裏で、人から愛されたい、評価されたいと強く思っているのでしょうが、人は下心を見抜きますから、評価を下げてしまうことのほうが多いのが現実です。

本音で自分を出して生きていれば、自分が周りに対して求めなくても、周りがこちらに寄って来るものです。

本来の自分で生きていれば、人がそれを見ていて、相手のほうから寄ってきてくれるのです。

人から見て正しいかどうかではなくて、自分が正しいと思っている生き方を貫いているかどうかが大事です。

それが本当に正しければ、正しいなりの評価が人から得られます。

正しいという表現をすると、「万人から正しいと思われなければならない」という人がいますが、「自分にとっては正しい」でいいわけです。

自分が正しいと思ったら、周りの批判など関係なく行動するべきです。それが、本当に正しければ評価が返ってくるし、間違いなら反省して一からやり直せばいいのです。

八方美人では、何も成し遂げられないし、評価もされない人間になってしまいます。

八方美人で得することなどありません。

嫌われない無難な人間で終わるのです。

自分の信じたことをやっていったら、それなりに返ってくるものがある。

だから私は、礼儀は大事ですが、人に媚《こ》びを売らなくてもいいと考えています。

自分らしく頑張っていれば、それでいいのです。

自分らしくないことをすると、悪循環につながってしまうのです。

ただそこにいるだけの意味のない存在にならない

あなたに結果をもたらす“最高のチーム”のつくり方

仕事はひとりでやっているわけではありません。あるプロジェクトが立ち上がれば、それを遂行するためのチームが必要になります。

今、私が携わっている予防歯科のプロジェクトにおいても、さまざまな人が関わっていて、チーム一丸となって仕事に取り組んでいます。

このプロジェクトでやりたいことは、類似系の団体の中で、一番いいチームをつくり、一番いいコンテンツを世に出すということです。

仕事では常に一番を目指すべきだと言いましたが、個人としてだけでなく、関わるチームでも、やはり一番を目指さなければ、楽しくないし、チャンスをつかむことはできません。

せっかくやるからには、一番になるつもりで仕事をしなければ意味がないのです。

とにかく**一番高い所を目指すという状態にチームをつくり上げていく**のが私のやり方ですし、仕事の醍醐味《だいごみ》だと考えています。

しかし、よくプロジェクトチームの現状分析をして思うのは、最終的なゴール地点が低いということです。

ゴール地点の設定が低いプロジェクトは、続けても成功できない可能性が高いのです。ゴール地点が低いと、自分たちで新たにアイデアを生み出していくというより、既存のもののマネをしてつくり上げるレベルになり、明らかに仕事の内容が浅くなってしまいます。それに、仕事へのエネルギーも弱いので結果がなかなか出ません。

そのような姿勢のチームは、顧客に好感度を抱いてもらったり、感動を生むことが難しくなります。

仕事で一番大切なのはまずは情熱です。能力があるかないかは個人差があるとして、情熱を持つことは誰にでもできます。小さなエネルギーで中途半端にやっていたのでは、失うもののほうが大きくなってしまうのです。

ゴールを高く設定することでチームは機能する

ライバルチームとの差を埋めてくれるメンバーを大切に！

では、チームがうまく機能しなかったらどうすればいいのでしょうか。成功できないとなれば、なんらかのテコ入れをする必要が出てきます。

そこはビジネスですから、シビアに考えて、関係を切らざるを得ない人の存在というものも覚悟する必要があります。

もっと優秀な人がいれば、その人を入れてやっていく場合だってあるかもしれません。

非情かもしれませんが、ゴール地点を引き上げるためにメンバーのモチベーションを高めると同時に、断つという、その**両方の側面をバランス良く持っていないと、ビジネスは成功しない**のです。

2つのバランスを取るのは簡単にできることではありません。

関係を断ち切るという最終手段に出る前に、私はチームメンバーに檄《げき》を飛ばします。

「他にも同じようなプロジェクトはいくつもあるのだから、このままでは勝てないよ。努力した時間がムダになってしまうよ」

それを聞いたチームのメンバーたちが、私と同じように「悔しい」「頑張ろう」と思ってほしいという気持ちを込めて、彼らにそれを伝えます。

どこにも負けない自分たちだけの世界をつくろうと、ここで奮起してほしいのです。

しかし、中にはライバルがつくり上げた素晴らしいものを目の当たりにしても、自分を奮起させ、良いモノを吸収してさらに上をいくような、ものをつくろうとしない人がいます。

そういう人がチームに入ると、目標が形骸《けいがい》化してしまいます。

つまり、**向上心がない人は、スキルがない人よりも厄介な存在**なのです。そういう人は、思い切って新しい人と入れ替える決断をしなければなりません。

自分たちの世界観を本当に価値あるモノとして、多くの人に広めていきたいのなら、ゴールを高く設定し、「コンテンツ」や「マーケティング」を練るべきです。

ひとつでも他に負けている点があれば、優れたものと自分たちのものを比較して、その差が何かを明確にして、埋める必要があります。

その差を埋める力を持つ人だけが、チームにいるべきなのです。

自分たちがそれをできないとしたら、できない原因を明確にする必要がある。できない原因を明確にせずにして、ただやろうとしても無理なのです。

チームに、向上心を持たない人は必要ないのです。

時にはチームメンバーを入れ替えることもしかたがない

チームメンバーにふさわしいギリギリの条件とは？

私は、チームというものは最初のうちは仲良し集団でもいいと思っています。

しかし、時とともに、メンバーが情熱と能力を兼ね備えた組織になっていかないと本当の意味で結果は出せません。仲が良いという気持ちだけでは一緒にやれなくなっていくのです。

そこに能力がなかったとしても、せめて情熱さえあれば、一緒にやっていく価値はあります。

でも、情熱も能力もないのなら、あきらめてその人を切ったほうがいいでしょう。どんなに仲のいい人でも、ビジネスにおいては残念ながら無価値の人だからです。

与えられた役割を、優先的に行動できる人であるかどうかは、チームメンバーを見極めるポイントになります。

できない理由を述べる人間がいないか。

一緒に取り組みながら結果を出す上で、絶対的に必要なものは、圧倒的な時間と量です。最終的に、時間と量をかけて仕事ができる人には敵わないからです。

圧倒的な時間と量をかけてきたという厳然たる事実、そこから自信が生まれるのです。

チームのメンバーには、継続する力、やるべきことを淡々とやる力がとても大事なのです。

成功している人をよく観察してみてください。

彼らは自分の習慣を変えようとしません。習慣を大切にして、やるべきことを徹底している人ばかりです。


やるべきことをやれない、やる習慣を持てないという人は、やはり仲間としては不適格です。


チームとして半年動いたあたりで、そうした見極めがついてくるようになります。

半年もやっていると、メンバー一人ひとりに役割が出てきます。

自分の役割が出てきたときに、どれくらいそれに取り組めるかというのが、その人を見極める目安になるのです。

そこに至ってやる気が見えない人は問題外なのです。

できない理由を並べ立てる人とは距離を置く

情熱がある人はレスポンスが早い

チームメンバーの能力は、良い教育者をつければいくらでも高められます。問題なのは、情熱がない人です。

情熱があるかどうかの見極め方としては、連絡に対するレスポンスが早いかどうか、積極的に動けるかどうかがポイントになります。

その内容についても、前向きな言葉が多く入っているかどうかが重要です。

あるプロジェクトで、優秀な方と組んだときに、レスポンスが早いことに感心しました。

たとえ深夜であっても、やはりレスポンスが早いのです。レスポンスが早いということは、処理能力が高いということです。

相手の気持ちが消えてしまう前に、その思いをすくい取るように応えている。仕事に対する情熱、相手に対する敬意などが、そこから感じ取れるのです。

レスポンスが遅ければ、よけいな憶測が入り込んだりして、自分と相手の間に溝ができやすくなります。

レスポンスが早いのは、成功するための絶対条件と言えるでしょう。

メンバーの情熱を見極めるもうひとつのポイントは、常に時間をムダにすることがないよう、課題を探しているかどうか、です。

課題を探すというのは、インターバルの時間を何に使うかということです。相手からの指示を待つのではなく、自分から相手に提案する人は情熱があります。

たとえば、8月からスタートするプロジェクトがあるとしたら、「7月から◯◯をしておこうと思いますが、いかがでしょうか」と聞ける人です。

先の仕事に対して、人は指示待ちをしてしまうものです。

先々のことを考え、事前に何を準備しておけばいいのかを考えることができる人は、そのプロジェクトに対する熱量が違いますし、自ら学習していく力のある人です。

決まったことは〝理屈なしにやる〟人を優遇しなければならない

そこからさらに枝葉を広げて勉強できる人も、やはり能力の高い人と言えるでしょう。

また、そういう人は、チームの決定を遂行することに対していちいち理由を探したりしません。

すぐさま決定事項を行動に移してくれます。

できる人は、素直に人の話を聞ける人でもあります。人の話を否定的に捉えない人は情熱のある人ということになります。

圧倒的な努力を継続させることは、普通の人にできることではありません。

それができる人にこそ、情熱があるのです。

人間関係で悩むことほど、バカげていることはない

私のように人間関係について開き直ってしまえば、あらゆることをプラスに捉えることができるようになります。

自分に対する世間の風当たり、妬み、悪い噂、そういうものを撥《は》ね返す力は、開き直りしかありません。

あなたも、もっと開き直っていいのです。

小さなことにクヨクヨしないで、開き直って自分のやりたいようにやる。後悔しない人生を送るにはこれしかありません。

今より少しだけでもいいから、自分のやりたいと思ったことをやりたいようにやる。

これだけでいいのです。

やりたいようにやるというのは、滅茶苦茶なことをするという意味ではもちろんあ

りません。

自分でやるべきことを見つけ、それを信じてやっていくということです。

社会的な常識はある程度必要ですが、「周りに足を引っ張られて小さくなるな」と私はお伝えしたいのです。

小さいことにとらわれず、思い切りやってみてください。

多くの人は小さなことにクヨクヨしすぎています。

「これはやっちゃいけないかな」ということでも、やってみると多くの人が支持してくれることは多いものです。私自身の経験からも言えます。

気にするだけ損です。

ですから、自分なりの、自分の生き方を貫きましょう。

人の顔色をうかがい、歩調を合わせる人生ではなく、自分本来の生き方をして、周りの人にそれを見せて、輝いていけばいい。

みんな自分なりの人生を生きていけばいいのに、他人の価値観に合わせて人生を見て、それが人生だと悟ったようなふりをする。

「それが人生なんだ」と言って、小さくまとまってしまいます。

この本を読んでいるあなたは、それではいけません。

それは、楽な人生に逃げ込もうとしているだけです。

自分なりの生き方を見つけて、自分の世界観の中で自己を磨き上げて、最高の人生を送る。

それぐらい、自分に誇りを持って生きるべきだと私は考えています。

人と比較したときに、圧倒的な自信を持てる生き方をしていけばいいのです。

人がそれをどう見るかは関係ありません。

自分がこれだと確信できる生き方をしていけば、後悔することはないのです。

他の誰でもない、それがあなたに与えられた使命なのです。

これを忘れないでください。

終　章

2jenn/Shutterstock.com

無条件に自分を信じて進めばいい！

「迷うことはない！あなたは正しい努力をしている！」

ここまで本書を読んでくれたあなたは、意味ある努力を始めるでしょう。

しかし、時として、迷うことがあるかもしれません。

「この努力は本当に意味ある努力なのか……」

「もし、この努力がムダに終わってしまったらどうしよう……」

でも、迷うことはありません。

そういう不安が生まれたということは、あなたが真剣に努力と向き合っている証《あかし》なのです。そこまで考え抜いた努力がムダな努力であるはずがありません。

その努力を重ねていけば必ず成果は出ると、自分を信じて突き進んでください。

「努力が実るのは目前。ペースを落としてでもいいからやり続けよう」

多くの人が、努力が実るのを目前にして、努力をやめてしまいます。

せっかく自分に投資をして、コツコツ頑張ってきたのに、あと少しのところであきらめてしまうのは、とても残念なことです。

努力は実る直前が一番つらいものです。つまり、「もうやめよう」と思ったときこそ、自己実現は目前に迫っているのです。

つらいときはペースを落としてもかまいません。

しかし、ほんの少しでいいから、その日できる努力をやってみてください。

「シンプルに、素直にやろう」

意味ある努力を選び、そこに集中すると決めたのなら、それをシンプルに行なってください。

いろいろとその努力に肉付けして、グレードアップした努力をしたくなる気持ちもわかりますが、そうしてしまうと努力の内容が複雑になってしまいます。

複雑なことは、すなわち、めんどうなことになってしまいますので、注ぐ力も散漫になり、継続も困難になります。

また、「この人からは学ぶ価値がある」と思った人が言っていることは、理屈抜きで素直に実行してみてください。

「シンプルに」「素直に」

これこそ挫折を防ぐ最善の策なのです。

「自分を過小評価するな！」

努力を重ねていれば、「どうせ、うまくいくはずがない」という思考がわき上がってくることがあります。

否定やマイナスの感情は、あなたの頑張りを打ち消してしまいます。これは、過去の自分の失敗などから呼び起こされる嫌な記憶が原因です。

しかし、もう過去などどうでもいいことです。

今、この瞬間から、新しい自分で生きると決めてください。

今までのあなたは、自分の才能と能力をうまく生かせなかっただけなのです。

「いつまで決断しない人生を歩むのか？」

現状維持をやめて、理想の人生を実現させるための意味ある努力を始めてください。

今、理想の人生が実現していないとしたら、今に至るプロセスが間違っていたということです。

同じことを繰り返してはいけません。

今こそ、自分に変化を起こすときです。

人生の方向性を変えるほどの、インパクトのある意味ある努力を選択し、力を注ぎましょう。

「努力は最高の恩返しになる」

あなたの大切な人を、ひとり頭の中にイメージしてみてください。

努力を重ねることは、あなたの大切な人への今までの恩返しになります。

あなたを支えるために、時間と労力をかけてくれた人が必ずひとりはいるはずです。

努力を重ね、成長し、結果を出すということは、その人を喜ばせる最高のプレゼントです。

努力の結果はあなただけのものではありません。あなたのことを〝大切にしてくれている人〟のためのものでもあるのです。

「もうやめよう……」

そう思ったときは、「あなたのことを無条件で愛してくれる人」のことを思い浮かべてほしいと思います。

「努力をしていない人と同じ人生を送ることは、あなたには許されない」

意味ある努力をするあなたが、努力をしない人と同じ人生を歩むことは許されません。

あなたが自己投資をしている間に、スキルアップのための努力をしている間に、お酒を飲んだり、趣味を楽しんでいた人より、劣った人生を送っていいはずがありません。

意味ある努力を重ねさえすれば、あなたの欲しいものは必ず手に入るのです。

この瞬間から、自分の望む人生を送る選択をしてください。

SUCCESS

おわりに

本書を最後まで読んでいただき、ありがとうございます。理想の自分に少しでも近づけると感じてもらえたのなら、この本を書き上げたかいがあります。

私は現在、講演会やセミナーを通して、多くの人と接する機会に恵まれています。

出会う人はみなさん、一生懸命で、真面目に頑張っていらっしゃいます。

だからこそ、自分の望む人生を送ることができずに悩んでいると相談されると、とても残念な気持ちになります。

なぜ、頑張っているのに、結果が出ないのでしょうか。

私は、その大きな原因に、人間の性が関係しているのではないかと考えています。

「過去の自分に戻りたがる」という性です。

何かの努力を続けていたのに、それをやらない自分に戻ってしまう。

今まで積み重ねてきたものを、一気に崩壊させるような思考に陥ったり、行動をとってしまうのが人間なのです。

すると、「自分はダメな人間だ……」「もしかして、自分は頭が悪いのではないか……」などと思い込むようになり、できることもできなくなってしまいます。

間接的にではありますが、本書を通じて接することができたあなたには、こうなってほしくないと切に願います。

人にはそれぞれ、できない努力があり、向かない努力があり、才能を発揮できない努力があります。これは、しかたがないことです。

「では、どうするか」という視点を持つことが大切なのです。

そこで大事なのは、できる努力を見つけ全エネルギーを込めることです。

本書では、私の経験と知識、出会ってきた成功者に共通することを基に、「自分に最適で、なおかつ、報われる努力を選び、それに集中するコツ」をご紹介しました。

これこそが、くじけることなく努力を続け、欲しいものを得る秘訣なのです。過去の自分に戻らないための最良の予防策なのです。努力を選び、集中することこそが、あなたの人生を理想のものに導いてくれます。

あなたには、新しい人生を歩む力も、技術もあるのです。新たな第一歩を踏み出していただければ幸いです。

著者

【著者プロフィール】

井上裕之（いのうえ・ひろゆき）

歯学博士、経営学博士、コーチ、セラピスト、経営コンサルタント、医療法人社団いのうえ歯科医院 理事長。

島根大学医学部臨床教授、東京歯科大学非常勤講師、北海道医療大学非常勤講師、ブカレスト大学医学部客員講師、インディアナ大学歯学部客員講師、ニューヨーク大学歯学部インプラントプログラムリーダー、ICOI 国際インプラント学会指導医、日本コンサルタント協会認定パートナーコンサルタント。

1963 年、北海道生まれ、東京歯科大学大学院修了。歯科医師として世界レベルの治療を提供するために、ニューヨーク大学をはじめ、ハーバード大学、ペンシルバニア大学、イエテボリ大学など海外で世界レベルの技術を取得。6 万人以上のカウンセリング経験を生かした、患者との細やかな対話を重視する治療方針も国内外で広く支持されている。

また、本業の傍ら、世界中のさまざまな自己啓発、経営プログラム、能力開発などを学び続け、世界初のジョセフ・マーフィー・トラスト公認グランドマスターなどを獲得。「価値ある生き方」を伝える講演家としても全国を飛び回り、講演会は常に満員。1000 名規模の講演会も数々成功させる。

著書累計は 110 万部を突破。著書に、ベストセラー『なぜかすべてうまくいく1%の人だけが実行している 45 の習慣』（PHP 研究所）、『「学び」を「お金」に変える技術』（かんき出版）、『がんばり屋さんのための、心の整理術』（サンクチュアリ出版）、『欲求がない男は一流になれない！』（フォレスト出版）など多数。

井上裕之公式サイト　http://inouehiroyuki.com/
井上裕之フェイスブック　https://www.facebook.com/Dr.inoue
いのうえ歯科医院公式ホームページ　http://www.inoue-dental.jp/

努力の選び方

2015年10月4日　初版発行

著　者　井上裕之
発行者　太田宏
発行所　フォレスト出版株式会社
〒162-0824　東京都新宿区揚場町2-18　白宝ビル5F
電話　03-5229-5750（営業）
03-5229-5757（編集）
URL　http://www.forestpub.co.jp

印刷・製本　日経印刷株式会社

ISBN 978-4-89451-682-3 Printed in Japan